如何让一个点子变成一个项目？

从创意到创业

From Creativity to Entrepreneurship

陈实◎著

台海出版社

图书在版编目（CIP）数据

从创意到创业 / 陈实著. -- 北京：台海出版社，2017.5（2019.11重印）

ISBN 978-7-5168-1367-6

Ⅰ. ①从… Ⅱ. ①陈… Ⅲ. ①创业 Ⅳ. ①F241.4

中国版本图书馆CIP数据核字（2017）第082673号

从创意到创业

著　　者：陈　实

责任编辑：王　品　　装帧设计：久品轩

版式设计：阎万霞　　责任印制：蔡　旭

出版发行：台海出版社

地　　址：北京市东城区景山东街20号　邮政编码：100009

电　　话：010－64041652（发行，邮购）

传　　真：010－84045799（总编室）

网　　址：www.taimeng.org.cn/thcbs/default.htm

E － mail：thcbs@126.com

经　　销：全国各地新华书店

印　　刷：北京柯蓝博泰印务有限公司

本书如有破损、缺页、装订错误，请与本社联系调换

开　　本：150×210　1/32

字　　数：108千字　　印　　张：7

版　　次：2017年9月第1版　　印　　次：2019年11月第2次印刷

书　　号：ISBN 978-7-5168-1367-6

定　　价：26.80元

前　言

Preface

创业路上，最常见的不是成功和失败，而是长时间的苦苦挣扎。

如果你即将踏上创业的道路，或者正是在创业的途中“想把事业做好，但却不知道如何做好”，那么这本书，就是为你而写的。

- 如何克服对创业的恐惧？
- 如何把头脑中的创意变成可盈利的商业模式？
- 你的公司需要哪种人以及如何把他们招募进你的团队？
- 如何融资并防止投资人忽悠你？
- 如何设计你的新产品并设计合理的价格，直到卖成一个超级“爆款”？
- 该不该请专业人士来为你管理财务？
- 企业的资产增加了，却为何会面临破产？
- 你辛苦打造的事业，如何防止成为骗子的“盘中餐”？
- 有没有人背后给你“放冷枪”以及如何制服“小人”？

这些都是创业者和企业管理者每天都会遇到的难题，但商学院里却从来不会有人教你，也极少有人诚恳地告诉你创业的华丽外衣之下难以想象的艰辛。

本书就如何建立和经营一家创业公司给出了实用的建议，对中小企业老板提升个人能力、日常管理进行了全面的阐释与介绍，是一本内容丰富全面、有很强的思想性、逻辑性和知识性的老板实用经验参考大全。

简而言之，如果大多数管理书都是告诉你如何做正确的事，不把事情搞砸，那么本书还会告诉你：当事情已经搞砸时，你该怎么办。

目 录

Contents

CHAPTER 6 记住，你的顾客不会自动来找你

创业期的市场营销

CHAPTER 7 精打细算是做老板的基本功

创业财务运营课

CHAPTER 8 世界如此险恶，你当精明且有锋芒

在商场中防骗防小人

第一章

chapter 1

梦想的路踏上了，跪着也要走完

创业的心态和素质

01 创业心态

◎ 要创业，就不要安于现状

创业之路虽然漫长艰险，但心态决定一切，有正确的心态将会起到决定性的作用。你并不需要有多大的资金与本事，但是需要具备超凡的心态。坚强的意志力、巨大的承压力、快速的学习力和百倍的自信力，都需要心态作为支撑，良好的心态才能点燃美好的未来。

曾经，我们都有过理想，有过目标，都是勤勤恳恳地为之奋斗，但是当在人生的道路上取得一些成功时，我们却过起了知足而乐的生活，这其实是一种很平常、很平和的心态，但随着时间的流逝，这种状态必将发生变化。由于安于现状，导致了一批又一批才华横溢的人失去了工作，导致了一批又一批充满生机的企业走向了衰落，甚至永远消失。今天平平安安地工作着，拿着薪水，忘记了失业，明天就可能失去工作。因为安于现状，就意味着主动放弃追求，意味着不想创新，一个没有追求、没有创新的人或企业注定是发展不长久的。所以我们说，安于现状就是一剂慢性毒药。

1982年，廖长光、何永智夫妇开办小天鹅火锅店，当时店面只有3张桌，经过三个月的亏损，他们第一天盈利，赚了70元。

从1983年开始，小天鹅不断盘过左右门面，扩大经营面积，到1988年，用6年的时间赚了10万元。

这6年是小天鹅最艰难的创业阶段和资本原始积累阶段。在一项事业的创建中，创业者不能有小富即安、知足常乐的思想，要有野心，要不断进取，向着更远更大的目标永不满足地前进。

1988年，小天鹅在重庆江北开办火锅大酒店，进行异国情调的装修，设计了风格各异的火锅包房，率先将火锅从街边大排档迁进大雅之堂，“进行一次真正意义的火锅革命”。经过这次革命，小天鹅仅用一年的时间就赚到100万。

小天鹅经过原始积累后，一年中获得巨大成功，得益于店主不安于现状的经营理念。世界上万事万物唯一不变的就是变化。如果小天鹅仍然在那条火锅街上徘徊，店面再扩张，它依然会是街边大排档，目标消费群的固定和利润空间的局限，使它不可能在一年内赚到100万。高档火锅店的开办为小天鹅打开了更大的利润宝库之门，而这源于其经营者超常的胆识和魄力。

1990年，小天鹅创办成都分店，选址城郊，营业面积2000多平方米，开业之初即火爆蓉城。大厅舞台上的歌舞表演、店前宽敞的停车场成为吸引成都商务客人的主要亮点。1993年底，各地小天鹅分店发展到12家，年营业额突破5000万元，重庆小天鹅饮食文化公司正式成立。

1994年开始，小天鹅采取一种新的合作经营模式：在各地开办连锁店，到1998年底，连锁店达到50家，集团员工近5000人，资产总额达到1.6亿元。这种模式使何永智被称为“中国特许经营第一人”。

1995年，小天鹅开始进军宾馆业，努力提升自己品牌的含金量。1996年9月，四川首家私营星级宾馆重庆小天鹅宾馆开业，并高薪聘请来自著名的国际酒店管理集团的职业经理人进行管理，开业第一年就获得了可观的利润。

小天鹅火锅的创业之所以成功得如此迅速，得益于其创始人团队不安于现状的积极心态，以及超常的胆识和魄力。只有不安于现状，才能得到更理想的未来。

◎ 如何克服创业恐惧症

调查中发现小本创业者、中小投资者在创业过程中，都有一定程度的创业恐惧，恐惧的原因各有不同，恐惧的对象形形色色，其中排在前五位的分别是：

1. 创业初期选择项目时，对项目的可行性、创业风险的恐惧；
2. 在创立企业时，对繁琐的企业注册程序以及随后而来的税务问题的恐惧；
3. 在初创或发展过程中，对创业方式的恐惧；
4. 在创业中对不同信息的处理能力和应变能力的恐惧；
5. 在进入市场时，对竞争对手的恐惧。

除此之外，法律问题、资金问题以及营销、创新等也是让创业企业恐惧的焦点。

社会心理学家对这些恐惧的原因又做了更进一步的研究，发现绝大多数创业者都承认，他们对创业感到恐惧的深层原因，是对自己的不信任。每当他们着手一个计划的时候，他们总是情不自禁地问自己：顾客真的需要我的产品吗？我的公司能熬到赚钱那一天吗？我的市场促销方式对吗？我的辛苦会有报偿吗？我的报偿会有多大？我的创业怎么才能成功？万一失败了，别人会怎么看我？亲戚朋友会说些什么？这些恐惧如同挥之不去的梦魇，埋伏在创业者内心的深处，让他们不停地冒冷汗，彷徨不前。

但是恐惧不能打败所有人，总有人能战胜恐惧，实现创业到创富的成功，因为他们掌握了克服创业恐惧症的有效方法：一个好点子，再加上一点自信。

萨缪尔·科恩，21岁；杰里米·克劳斯，23岁；托马斯·希尔顿，22岁。他们是美国杰里米冰激凌公司的创始人。公司专门生产口味独特的“超级冰激凌”，于1997年6月创立，1998年销售额为100万美元，1999年达500万美元。

克劳斯是天生的生意人。他说：“我从小就讨厌从事司空见惯的职业，因此一直没有工作。”进入宾夕法尼亚大学后，克劳斯在宿舍里做起了冰激凌。不久，同校的两个伙伴科恩和希尔顿也加入了克劳斯的事业。于是，克劳斯卖掉持有的大部分债券，并拿出高中时挨家挨户上门推销净水器挣的6万美元，和他们合伙开了这家公司。开始时，科恩非常担心自己不能成功，害怕失败，但经过市场调查，克劳斯发现，市场上的冰激凌的口味已经20年没有变化了，他敏锐地感到，这为他们创业提供了一个很好的空间。他采纳了啤酒商萨缪尔·亚当斯的建议，使用啤酒酿造技术制作口味奇特的冰激凌，他还与当地的乳酪厂联系，请他们提供特制的奶酪。

由于口味新奇，这家小型冰激凌公司很快得到了风险投资的青睐，新产品一上市就供不应求，很快成为一种饮食时尚。

科恩的担心和恐惧是很正常的，因为人们总会对不确定的事情感到没有安全感。但是好在他和他的团队克服了创业恐惧症，最终实现了成功。要记住：克服创业恐惧心理是你成功创业必经的一个过程。不要沮丧，不要被恐惧打倒。

◎ 培养面对风险的信心

如果想创业成功，首先要对自己充满信心。如果对自己创业都没有信心，那创业就是很危险的了。

一个创业者咨询公司曾经对八名创业者做过一个很有趣的实验：

实验人员让这八个人穿过一段很黑的道路。他们都勇敢而顺利地通过了。

这时，实验人员打开这段道路上方的一盏灯。在昏暗的灯光下，创业者们惊讶地发现：那并不是一条平坦的道路，而是在下水道上面搭建的一座小木桥，小木桥下面是脏兮兮的污水。他们正是在毫不知情的情况下，从那个相当狭窄的悬浮的小木桥上走过去的。

实验人员看到他们惊异的表情，问："现在，你们谁还愿意再次走过这段路？"沉默了几分钟，只有两个人举起了手。其中一个小心翼翼地走了过去，速度比先前慢了许多；另一个走到半路就向实验人员求救返回。之后实验人员打开了早已经准备好的灯。在明亮的灯光下他们才看清：其实小木桥下方装有一个颜色很不醒目的安全网，他们刚才都没发现。

"有谁愿意通过这座小木桥？"实验人员问。这次有四个人站了出来。"你们几个为什么不愿意呢？"实验人员问没有站出来的其他几个人，他们几乎同时问道："这安全网安全吗？"

创业的确是有一定风险的，就像上面案例中小桥下的下水道。但是，创业能否成功，比拼的既不是对风险的无知，也不是对风险的全知，而是在知道有危险存在下仍然敢前行的信心。

创业成功的人的最大特点就是对自己充满信心。对任何想创业成功的人来说，自信心是最重要的东西。如果一个创业者对于走哪条道路拿不定主意，他是不可能成功的。

◎ 只有偏执狂才能生存

有这样一群人，他们笃信一种信念，不懂变通，不懂转换，一生只想做一件事。他们偏执、痴迷、疯狂、也许承受着被屡屡失败或拒绝，但他们不屈不挠地隐忍着、坚持着。他们是一群偏执者，但也往往是成功者。

很多创业者都是偏执狂。英特尔公司创始人、前任总裁和CEO安迪·格鲁夫说过一句著名的话："只有偏执狂才能生存"。这句话本身就是一句偏激的话，因为当然不是所有生存下来的人都为人偏激。但是他的真正意思并不是字面上的这样，而是说：一个人只有坚持不懈、坚韧不拔，只有在追求理想的过程中能顽强得近乎固执地坚持再坚持，才能成功。或者更进一步，只有在思考问题时将自己推向绝境、将问题设置到极端的地步，我们才不会被日常生活中表面的浮华蒙蔽了眼睛，才能真正地看清楚什么东西对自己才最重要，才能看清楚这世界上万事万物的根源与本质。

每一个成功的企业家们身上几乎都能找到“偏执狂”的基因，最显著的体现是焦虑、忧郁和危机意识，这就是忧患意识。从分众传媒创始人江南春到网游界的大佬史玉柱，再到阿里巴巴的董事会主席马云，这些我们认为成功的企业家无不具备偏执、焦虑、危机和忧患意识。

需要注意的是，偏执狂的优点是毅力超顽强，多大的困难都压不垮，但偏执狂最大的问题就是往往在错误的方向坚持，这是非常要命的。所以看清楚该不该坚持比能不能坚持更重要。创业是需要坚持的，在自己有优势的行业和领域也是需要坚持的，但具体选择什么样的商业模式则是需要不断反思和调整的。

对于创业者来说最重要的有几点。一是心，心有多大，舞台才有多大；二是思路，思路决定出路，性格决定命运，影响思路的就是视野；三是心态，对名利、成败、得失沉浮都要有一副平常心，要以入世的态度去创业，但以出世的态度对待成功，不要把成功看得太重，多把心思放在做事上，可能更容易接近成功；四是心理素质，创业者几乎不可避免地会遇到失败，所以创业者一定要有极强的抗挫能力，只有百折不挠的人才能最终胜利。创业失败，关键问题都出在思路和心态上。

◎ 培养良好的创业心态

创业者要想成功创业，必须从创业一开始时就调整好心态。

那如何才是良好的创业心态呢?

1. 要有创新务实的心态。创新是创业的核心，只有不断求变的进取心态，才能不断地整合创新，创造创业的机遇和灵感，目前在中国商界叱咤风云的人物，都是心态开放、创新的。另外创业还必须务实，在务实中有创新，一步一个脚印的创业才能成功。

2. 要有冷静理性的心态。创业需要冲动,但冲动后更需要冷静。这种创业的心态主要表现在对创业项目的可行性分析要全面、理性、严谨。由于首次创业创业者没有经验，创业所依据的基本上是通过书本和各种媒体所学的知识与信息，故在创业之前只能停留在理论分析上，无法深入的了解项目，所以需要冷静分析，才能从容面对一切问题。

3. 要有承受挫折的心理准备。创业会面临很多压力，通常会遇到客户纠纷、经营低潮、资金缺乏、各种手续怎么办等一系列突发事件，这些都会让创业者产生压力。同时创业还有很大的风险，有时，资金会付诸东流、员工会不配合等等，这会使之遭受沉重的心理打击。所以，要想获得成功，首先须学会面对失败，要积极思考失败原因，努力想新的办法，有时一而再的失败往往是成功的指路牌。

4. 要有独立分析和决策的心理准备。在家里父母会安排好一切；在单位老板会给分配好工作任务；当创业时就不可能再有这种依靠，一切都要从头开始靠自己来决定经营和发展方向。有时父母和朋友的帮助和建议只能起辅助作用，作用不会很大，更多的时候必须培养独立的分析能力和决策能力，譬如制定完善的创业计划书，学会市场分析、经营管理、投资分析就非常重要了。

02
创业素质

◎ 对经营有浓厚的兴趣

创业之路，是充满艰险与曲折的，自主创业就等于是一个人去面对变化莫测的激烈竞争以及随时出现的需要迅速正确解决的问题和矛盾，这需要创业者具有非常强的心理调控能力，能够持续保持一种积极、沉稳的心态，即有良好的创业心理品质。它至少包括创业意识、创业心理品质、创业精神、竞争意识、创业能力等。

对自己做的事没有兴趣，就不会有热情。而对于一个创业者来说，热情是很重要的，没有热情的创业者是很难胜任经营工作的。

阿尔弗雷德·斯隆（Alfred Sloan）就是一个典型的例子。斯隆生前是美国通用汽车公司（GM）的董事长。斯隆毕业于麻省理工学院电讯工程专业，23岁即就任菲亚特轴承公司的董事长。斯隆31岁时，该公司被联合汽车公司兼并，斯隆就任新公司董事长。联合汽车公司进入通用汽车公司五年后，48岁的他升任公司董事长，此后历任总裁、名誉总裁。1996年90岁高龄时辞世。

斯隆就任通用公司董事长时，该公司产品的市场占有率只有12%，每一股的股息不过1美分。1956年他辞去总裁一职时，该公司市场占有率已高达52%，股息也增加到2美元。在斯隆任职的半个世纪中，通用汽车公司从来没有发生过不能配息的事情。

在担任名誉总裁后，斯隆也从不缺席公司的董事会。晚年耳聋以后，当记者问及“美国最有希望成长的股票是什么”的时候，他毫不犹豫地写下了“General Motors”（通用汽车）。

斯隆的独到之处，在于他作为经营者所持的观念和生活态度，特别是他严于律己的实践精神。当然除了对经营有浓厚的兴趣之外，有经营才能、善于用人、通晓业务、依顺社会情势，这些都是作为出色经营者的必要条件。

◎ 创业者要具有顽强精神

如果说有一种素质几乎所有的成功创业者都具备的话，那就是顽强精神。没有任何其他一个阶层的人会比企业的创业者更需要有坚持不懈、顽强拼搏精神的了。

员工和股东都希望企业有坚强的领导人，只有你的竞争对手希望你放弃这种精神。把你的抱负顽强地坚持下去，让自己更顽强，成功之后会有更大的成功。

哈罗德是福特公司的产品工程师。他坚决主张生产一种微型货车。他的顽强精神并没有马上给他带来好处，因为亨利·福特二世不想在微型货车上冒风险。于是，哈罗德去了克莱斯勒公司。在那里，他设想的新产品得到了总裁艾科卡的支持。艾科卡坚持制造这种新产品："每个人都反对我……但是，赛马的情况就是这样。"后来，哈罗德和艾科卡主导的新产品——克莱斯勒牌微型货车成为连续十年最畅销的车型之一。

所谓顽强，并不是达到愚蠢地步的顽固。它是一种下决心要取得结果的精神，而不管在这条路上要忍受什么样的艰难险阻。

在销售领域，售货员需要记住这样一个定律：必须听到三次"不"，才真正意味着这个顾客不买了。在你从事的任何事情上，都不妨考虑一下这个简单的"三次定律"，碰到任何事情，都要用不同的方法试验三次，然后再决定是否放弃它。为了更稳妥起见，不妨试验第四次。

成功的老板的重要素质之一是：该坚持的，一定要顽强坚持；该放弃的，一定要及时放弃。

◎ 创业者要具有创新精神

所谓创新或具有想象力，并不仅仅是设想出一件新产品或新的服务项目，一种经商的新窍门或者对传统方法的更新，它是指用一种不同的方法表达自己的意思，用一种新方式处理老问题等。你不一定要成为人类最新思想之父，但你可以用不同的方式去做一件件小事，从而铺平你的创业之路。

迈克·威尔弗利是威尔弗利家族公司的第四代首席执行官。这是一家生产和供应采矿和化学工业设备的国际公司。

在他的办公室有会议区、会客区和工作区，全都堆放着整齐的文件，可以随时翻阅。在一个角落的一块4英尺见方的厚塑料板上，摆放着机械用具的金属部件。六七块部件并排摆着，非常干净，就跟你可能在机械车间角落里看到的一样。

当有人好奇地问起时，他解释说：“我们出售的产品就是由这些部件构成的，我每天都要看几次。我经常问自己，我们如何进一步改善这些设备？是否可以把它们做得更小一些？是否可以用别的材料？由于我经常看到这些部件，所以它们始终在我心里。我虽然不是工程师，但公司是由我管的。”

威尔弗利脑中充满了创新的思想。公司在他的领导下不断取得成就，从而反证了他的创新思想是多么重要。

提高创新能力的最简单的办法是什么呢？那就是，观察并仔细研究大多数人在一般情况是怎样做的，而你换一个方式做。你往往不自觉地跟着别人，亦步亦趋，人家怎么做，你也怎么做。不要那样，要有新花招，与众不同，推陈出新，超过别人。抛弃以前的老惯例，走新路子，成功的创业者就是这么脱颖而出的。

◎ 创业者要具有竞争精神

商场如战场，不进则退。你必须有竞争精神，才能在这个领域里兴旺发达起来。

不论对个人的成长，还是对职业的发展来说，竞争都是一件好事。与对手进行的殊死搏斗有助于增强你的斗志，提高你的水平。不要妄想在你卷入的斗争中轻而易举地获得胜利。胜利，特别是轻而易举的胜利不会使你学到很多东西。只有斗争才能学到东西。当你回顾你一生中获得的成就时，最值得你玩味的是克服了重重艰难险阻才获得的胜利。胜利是短暂的，而强大的竞争能力则带给你持久的喜悦。有一个强大的对手或一个难办的问题，是一件好事，因为战胜它们，你就可以获得巨大的享受。

请记住，竞争对手帮助你达到顶峰，而轻而易举的胜利则使你变得软弱起来。只有不断同对手进行斗争，才能使你的战斗精神旺盛起来。

科罗拉多的罗基斯棒球队的老板杰里·麦克莫里斯说过这样的话：

“如果我输了，我会感到失望，但我会检讨一下我的失误，考虑一下改进的方法，以保证将来不再重犯。”

具备并保持你的竞争精神，在商战中永不言退，你将成为一位成功的创业者。

03 创业技能

◎ 创业者的洞察能力

勇于竞争、善于把握机遇的人，无论从事何种职业都会大有作为。所有产业都要面对市场，因此，要有市场眼光，对市场上的供求信息反应迅速，并且能够根据实际情况大胆进行决策，再以周密的计划、灵活的处理方式，将设想转化为实际行动，这样创业一定会成功。

对于为什么科技创业往往失败、科技型企业往往规模不大的疑问，依靠技术起家的施正荣认为，科技创业能否取得成功，最关键的是是否具有很强的市场意识。从长期来看，技术对科技创新的成败意义极为重要，但如果不能在短期内做好市场，再好的技术也要归于失败。

创业就意味着你要带领一个团队打天下，你需要事事冲在最前线，需要与形形色色的现象打交道。这就要求创业者是一个能审时度势、透过现象看本质的人，而这就需要有敏锐的目光区别是非、辨别真伪、洞察秋毫、预测未来。

成功的创业者大都具有极好的洞察力，这样才能趋避风险。正如能在山路上把车开好的司机，他会根据路况决定车速，而且会系上安全带，随时收听路况信息。

◎ 创业者的管理能力

管理并不容易，不是管管人、动口不动手的事。小到经营一个家庭，大到经营一个企业，都需要有科学的管理能力。如何能将内部的资源利用最大化？如何能使一个企业的办事效率最大化？这都与科学的管理有直接的关系。对于一个企业来说，管理就更重要了。良好严谨的管理体制，能使企业散发活力，充满生命力，这就形成了企业文化，使创业者能带领企业进行团队作战，其作用可想而知。相反，一个没有科学的管理能力的创业者带领的企业，哪里起火哪里救，哪里出事哪里死，何谈战斗力和生命力！

另外，创业者要有很好的学习能力。成功的创业者大都具有比别人更优秀的学习能力，并且有高度的创新精神。

◎ 创业者应该善于工作

成功的创业者总是能够很出色地完成自己的工作：估计商业形势，筹划改组，解雇员工，改革销售代表的报酬，积聚谋求扩展的实力，解决劳资纠纷，处理复杂的人际关系，等等。如此之多的工作，需要创业者出色地完成，这就要求他们必须善于工作。就是说创业者既要是专家，又要是通才。

1. 成为一两个领域内的专家

专家的意思是，你要对企业极为重要的一两个领域，如金融、营销、法律、工程技术等方面的业务极其精通。如果你不知道哪些方面对你的公司至关重要，一定要把它们找出来。如果可能的话，选择一个你喜欢而又是公司所需要的专业，钻进去，学深学透。“如果你不钻透一门专业，你就会在商海里迷失方向。”一位老板这样说，他把经营一个公司比作大海里航行。

2. 对公司里的各种事情都有一定的了解

所谓通才，就是说你既要了解自己的专业，又要对别的多种专业有所了解。作为一个老板，你每天所做的许多决定都涉及你专业以外的事情。如果你不对各种事情都有一点了解，那么，你可能连向助手提问题都不知道怎么提。

做一个成功的创业者，你还必须在两者之间保持平衡：一方面发挥你的通才特点，另一方面你必须在你的专业领域内表现得非常出色。

◎ 创业者应乐于领导他人

有人说领导是天生的，有人说领导是通过学习而造就的。不管怎么说，反正你必须愿意出来领导他人才行，愿意走到前台来，愿意像一个真正的老板那样承担风险。

要做到乐于领导他人，你必须做到以下几个方面：

1. 树立明确的目标

创业者对发展前途要心中有数，这可以给下面的人注入信心。要明确地说："我希望（或者我不希望）你们现在做这件事。"没有任何含糊不清的地方。在你的注视下，做什么事或不做什么事，有明确的界限，使员工找不到借口推卸责任。

2. 适当地批评和表扬

当目标没有达到时，要学会进行建设性批评，加以纠正，而不要进行人身攻击。如果伤了他人的自尊心，那会使其抬不起头或在背后跟你对着干。如果他完成了预定的任务，你应加以表扬，这是自不待言的。聪明的领导往往让下属无意中从第三者那里听到这样的表扬。

3. 合适的形体语言

有能力的创业者常常使用非语言的沟通手段。他传达好消息和坏消息的时候，总是保持轻松的笑容。一副轻松自在、充满信心、稳操胜券的表情意味着："我来领导，我希望你们跟我一起前进。我很需要各位。请相信，我牢牢控制着局面。"有能力的创业者总是保持着充满信心的轻松笑容，即使笑不出来，也得装出来，因为他知道这是发挥领导作用所必需的。

一个乐于领导他人的人是愿意动动手表示亲热的，如拍拍下属的肩膀或后背等。领导人适当地动动手，是他可以采取的最有分量的行动。

4. 多出现，多说话

在办公大楼里到处走走，同你碰到的人说说话、聊聊天。不要老是坐在自己的办公室里，那样，你是发现不了公司存在的问题的。

如果你做到了这些，相信你会成为一个乐于领导他人的创业者。

◎ 创业者应该掌握法律知识

民主社会也是法制社会，市场经济也是法制经济，创业者及其所创办的企业，都活动在日益法制化的社会里。如果创业者没有必要的法律知识，就会像不懂得交通法规的驾驶员一样，四处开车乱撞，红灯不停，绿灯不行，即使万幸没有发生伤人之类的情况，那也是要被批评、罚款、吊销执照、剥夺自由开车的权利的。真到那一天，不仅创业者很惨，其所经营的企业也必将遭受影响和创伤。

所以，创业者必须十分关心法律的颁布情况，对有关法律必须认真学习，并把重要的条款牢记在心。不仅如此，创业者还要知道哪些方面有哪些法律规定，哪些法律对企业的生产经营有用，生产经营活动能得到哪些法律保护等。

创业者应了解的法律有：《合同法》《公司法》《银行法》《证券法》《反不正当竞争法》《商品质量法》《劳动法》《知识产权保护法》等。

这些法律法规与创业者的职业活动密切相关，创业者应认真学习，但也没有必要达到律师那样的熟悉程度。

◎ 创业者要善于处理人际关系

卡耐基的“人际关系准则”为创业者拥有良好的人际关系提供了方法。适合处理各种人与人之间的关系。创业者应详加研读，并经常使用。卡耐基的“人际关系原则”处理人际关系的基本技巧包括：

1. 不抱怨，不批评，不责备

抱怨别人是领导者身处压力的象征，成熟的领导者通常不用这种方法；对人有反对意见是正常的，但作为领导不可动不动就批评他人，而应对下属多加以激励；领导说话一定要讲究方式方法，不能唯我独尊，把责备挂在嘴上。

2. 给予真诚的赞赏

作为创业者，一定要真诚，而真诚要针对某项特殊的表现而发，否则就成了无益的。

3. 引发他人心中的渴望

把你的观念与对方的利益连接起来，这在商场上是非常有用的。

◎ 创业者要赢得别人的认同

要赢得别人的认同并不容易，要做到以下几点：

1. 避免争辩

唯一能在争辩中获得好处的办法是——避免争辩。争辩是百分之九十的情绪，加上百分之十的无聊。成熟的创业者在从事一项并非稳操胜券的工作时，都会尽量避免与别人争辩。

2. 尊重他人的意见

切勿对他说："你错了！"这是对别人智慧的直接侮辱，并且会招来怨恨，只会使沟通的机会更小。要尊重别人的意见，或者询问他们为何会有此想法。

3. 勇于承认自己的错误

如果是你错了，立即坦然承认。成熟而具有信心的创业者，绝不怕承认自己的错误。

4. 友善待人

假如我们不这么做，如何有可能赢得别人的合作，而同意我们的看法呢？

5. 善于倾听

多让对方说话，并乐于倾听。这种方法不仅可获得更多讯息，甚至可使对方亲自谈到你已决定要做的事。

6. 帮他人重建信心

让他人觉得，这主意是他想到的。重要的是什么是对的，而不是谁是对的。只有根据这个原则，你才能帮助他人重建信心，并使他们愿意把好建议提供出来。

7. 真诚

真诚地试图以他人的角度去了解一切。每个人的观念都来自自己的立足点，也许，他人所看到的比你所看到的更清楚。

8. 同情他人

同情他人的想法与愿望，这是开启沟通渠道的最好方法。

◎ 要能赢得他人的信任和支持

创业需要与很多人交往。与一般人相比，创业者尤其需要赢得他人的信任和好感。要让周围的大多人都喜欢自己，就要做到：

1. 记住别人的姓名

姓名对任何人而言，都是最悦耳的声音。许多成功的管理人，在牢记员工姓名方面可说是专家。这当然需要花费心思去做，但其收获绝对值得。

2. 聆听

领导者需要资讯以作决策，所以应聆听、鼓励别人多谈他自己的一些事。让那些在基层工作的员工有机会讲话，他们会告诉你许多真正有用的讯息。

3. 经常微笑

你脸上的表情愉不愉快，并不取决于外在的环境，而在于你自己本身，这是你自己的决定。问问自己：我喜欢与什么样的领导一起工作？别人也会有同样的感觉。

4. 真诚地关心他人

无论你有多少资本，真正会使你成功的因素是人。若能个别地去了解他们，不仅会形成好的人际关系，也是一项好的人生、事业的投资。

5. 谈论他人感兴趣的话题

我们大部分的时间都在想与自己有关的事。所以，你应该让别人也知道，什么与他们有关。

6. 让他人觉得自己很重要

“让我觉得自己的工作很重要，我便会认真去做。”这概念很可能就是一个创业者成功的重要因素，也是其员工会成功的原因。

04 创业准备

◎ 创业前，要问自己几个问题

一个创业的人要想在创业之前了解自己是否具备成功的条件，就需要想清楚下面的几个问题：

1. 是否有一个清晰的创业构想

创业的想法必须明确。你应该能用很少的文字将你的想法描述出来。根据成功者的经验，不能将自己的想法变成语言也是还没有经过仔细思考的表现之一。

2. 是否了解你所从事的行业

你是否长期从事某个行业，并对此行业内的方方面面有所了解。否则，你就得花费很多的时间和精力去调查诸如价格、销售、行业标准、竞争优势，等等。

3. 是否有人从事过这个项目

一般来说，一些经营比较成功的公司，其经营方法比那些特殊的想法更具有现实性。在有经验的企业家中流行这样一句名言：“还没有被实施的好主意往往可能实施不了。”

4. 是否经得起时间考验

当未来的企业家的某项计划真正得以实施时，他会感到由衷的兴奋。但过了一个星期、一个月甚至半年之后，将是什么情况？它还那么令人兴奋吗？或许已经有了完全不同的另一个想法来代替它。

5. 是否有良好的关系网

创业的过程，实际上就是一个组织的过程，如组织供应商、承包商、咨询专家、雇员的过程。为了找到合适的人选，你应该有一个服务于你的个人关系网。否则，你可能会误用不可靠的人或滥竽充数的人。

总之，你必须要有相当的竞争力，而且只有你自己才能决定怎么做最恰当。成事不易，创业更难。选择创业这条路，自然而然地会憧憬成功的景象，但创业过程中将会遇到的种种难题，应该是在创业之初考虑清楚的。

◎ 成功创业者的条件

成功的创业者应该具备的条件包括：（1）自律性强；（2）自信自强；（3）识人能力；（4）管理技能；（5）想象力；（6）不错的口才；（7）顽强的毅力；（8）乐观的态度；（9）奉献精神；（10）积极的人生观；（11）推销能力；（12）独立决策能力；（13）会算成本，注重利润。

这些条件，并不是要全部具备，才可以开始创业。有的条件，是在创业的过程中，逐步培养和创造的。

◎ 不是所有的人都具备创业素质

有些人具备创业素质，但是有些人却不具备创业素质。究竟哪些人不适合创业呢？研究发现以下七种人不太适合创业：

1. 只会说“是”的人不适合创业

这是因为，这种人缺少独立性、主动性和创造性，若当了老板，也只能是因循守旧，难以开拓性地工作，对公司的发展不利。此外，这种作风对培养员工也没好处。

2. 缺少职业感的人不适合创业

职业意识是人们对所从事职业的认同，它可以最大限度地激发人的积极性和创造性，是敬业乐业的前提。如果你对自己曾经从事的工作都缺少职业意识，只满足于机械地完成自己分内的工作，对自己的要求不高，缺少进取心，工作中缺少积极主动性，那你是不适合创业的。

3. 喜欢偷懒的人不适合创业

喜欢偷懒的员工，常被称作“工资小偷”。他们付出的劳动与工资不相符，空闲时间过多，只会发牢骚、闲聊，每天晃来晃去，浪费时间，影响工作，这种行为实际是一种变相的盗窃。创业尤其需要勤奋的人，如果让上述这种人自己去创业，后果可想而知。

4. 僵化死板的人不适合创业

这种人做事缺少灵活性，对任何事都只凭经验教条处理，不能灵活应对。他们习惯于将惯例当成金科玉律，不能适应迅速变化的形势和环境。

5. 感情用事的人不适合创业

处理任何事情都要理智，感情用事者往往以感情代替原则，想如何干就如何干，不能用理智自控。这对公司的工作是极为不利的。

6. 片面与傲慢的人不适合创业

有的人只注意别人的缺点，看不到别人的优点，或明知别人的缺点，却不能向好的方面引导；有的人喜欢贬低别人，抬高自己，总认为自己是最强者，常常以自我为中心，人格方面存在很大的缺陷。这两种人弱点明显，即使有能力，也可能会给公司造成很大的负面影响。

7. 品质不好和优越感过强的人也不适合创业

如果一个人缺少诚信的话，是很难在商场上长期立足的。优越感过强的人自恃才高，我行我素，脱离公司集体，与公司集体的关系难以融洽。

第 二 章

chapter 2

如果有可能，盯住最肥的市场

选择创业的方向

05 你适合选什么项目

◎ 选择项目不能凭想象

每一个怀揣致富想法的人，都应当创立属于自己的一番事业。留心隐藏在身边的好项目和好机会，加上你个人的智慧和胆识，就能从中找到创业的方向，折腾出财路。

成功创业的关键之一，在于对产品和服务项目的选定。究竟做什么项目，完全要取决于创业者自身的选择和正确的把握。其中的一条就是选择项目不能凭空想象。

联帮三林世贸工艺品制作服务社老板王彬在自己创业前，曾就读于某高职学校工艺饰品专业，后又在工艺制品厂工作多年，凭着自己的一技之长，走上了创业之路。靠原本积累的技能，通过自己的努力，王彬赢得了饰品加工服务的市场，取得了创业的成功。拿王彬的话来说："创业要做自己熟悉的项目，才有取得成功的充分把握和机会。"

与王彬不同的是，联帮浦兴山水化学保洁服务社老板黄凤娜，原本学的是美术专业，搞过动漫制作，也曾有过自己的工作室，但后来的创业经历，却是“阴差阳错”，从事小区的保洁服务项目，而且凭借她“做事先做人”的创业经验，取得了成功。在被问及创业成功的感受时，黄凤娜说：“要善于做市场需要的项目，尽管这样做对自己会是个挑战，但容易取得成功。”

只有市场需要的，才是创业者需要努力提供的，这就是一种机会。也有成功创业者认为，加盟有实力、有品牌知名度的项目也能取得成功。显然，做自己熟悉的，做市场需要的，做知名品牌的项目，可以为创业者选择项目提供成功经验。

◎ 选择项目不能只看眼前

商机处处有，就看你有没有独特的眼光，有没有好的创意和方法。当然，创业项目最好是投资小、获利大，一本万利的项目。

谁不想找到一个成本低、回报大、无风险的项目呢？有的人不想投资一分钱，去加入免费网站。你要知道天下没有免费的午餐，现在网上有许多免费网站，到处打广告动员你加入。不过，这些免费网站只能让你赚取小钱，而且要长时间开着电脑，你还要去做宣传工作，为它们发展下线。到头来，你的电费耗掉不少，钱还没有赚到几个。

所以，在创业初期一定要慎重选择一个适合自己又有发展前景的项目。良好的开端是成功的一半，选择了一个好项目，你的创业就有了正确的方向。

◎ 选择项目不能冲动

创业需要有激情，也需要一时的冲动，但如果在选择项目时，不做调查，人云亦云，随波逐流，其结果非但不能成功，相反还会背上“负债”的包袱。

选择项目冲动，还会导致创业者对创业缺乏信心。联帮顺风服饰服务社老板由于选择的项目定位不准确，采购进来的服装卖不出去，资金无法流转，亏损额越来越大，使得自己对未来的创业路究竟该怎么走缺乏信心。这位创业者对其遇到的境遇感慨万千：“全是冲动惹的祸”。

其实，选择创业项目，只要稍做些分析，能够结合自己的实际能力和市场需求，多听听创业指导专家的分析，就可以避免因“冲动”而出现的不良后果。

◎ 要深入了解目标行业

一个要创业的人，常常会问：我该从事哪一个行业？

对于有小本创业理想的很多人来说，通常不是缺乏资金，而是缺乏一门专业。

常常有这样的矛盾：那些在大机构居中上职位的人，收入固定，且通常有教育基础，较懂得钱滚钱的投资手法，通常较有闲资，其能力足以创业。但这类人所有的钱还不足以开大公司，而对一些小本经营，通常又缺乏实践经验。

另一类人，略有小本经营经验，如快餐店、时装店老板之类。但是此类人通常缺乏资金，又不一定能够处理很多财务上的问题。

所以说，这两类人通常可以合作。例如，后一种人，想做本行的老板，便可通过亲友的关系，拉拢有闲资的人入股。

一般来说，有闲资而缺乏创业所需的行业知识的人，比有一技之长、有创业意念却苦无资金创业的人多，因为后者可选择由小做起，而前者则可能苦无门径，永远无法开展个人事业。

而一个人有一技之长，例如懂得开锁，并不代表他该开业卖锁，他可能开创一间时装店也可以，只要他真能赚钱、能发展便可。

然而，为了想做创业者，而主动投身另一行业，此种情况是比较危险的。

因为一开展事业，公司便有开支，不管能否赚钱也必须负担。开始的创业基金未必可以应付得那么长久，很多小本创业便是在还未摸通一行专业的情况下宣布结业的。

所以，真正想创业，又希望比较有把握的话，一定要对某一行业愈熟愈好，不要光凭想象、冲劲、理念做事。若真立志投身一项事业，不妨辞去本职工作，在该行业做一年半载，摸清摸熟门道再开业也不迟。虽然这比较花时间，但总比开业后花冤枉钱好。

◎ 成功选择项目的技巧

成功选择创业项目，要注意以下技巧：

1. 慎重选项，不要哪儿热闹往哪儿挤

小本经营者，求稳心理较重，往往会抱着别人做啥我做啥，走一条无风险、稳赚钱的经营之路的心理。然而，此路是走不通的。趁热投资的小本经营者不是去面对一个同行业的市场巨人，就是去收拾人家已无油水的残羹剩饭。也许，这正是不少人看到人家赚钱而自己忙活却赚不到钱的关键。

2. 见缝插针，巧占市场空白

经济愈发达，社会愈进步，人们的需求就愈细化，因此，小额投资者应该独辟蹊径，致力于经营人无我有的商品和服务，巧占市场盲点。如经营与大商店商品配套相补充的商品；在三百六十行之外开辟擦洗、接送服务等新的行业；针对时间经营的空白开设商店、饭店、新奇特商店、夜市，等等，为消费者提供多层次的便利服务。

3. 快速反应，船小掉头快

经营环境常常是瞬息万变的，市场行情此一时彼一时。小本经营，船小掉头快，只要时刻保持清醒的头脑，及时对市场变化做出灵敏快捷的反应，抢先抓住稍纵即逝的机遇，一定能够实现本小利大。

4. 主动上门，灵活经商

资本雄厚的大企业经营重守，做小生意的小本经营重走。流动摊档的商品一般要求是日常生活用品，每家每天都要用，因此，容易与顾客建立稳定的联系，稳稳当当地赚钱。而送上门的服务都能迎合急着要办又不用出门的需求，一拍即合。

5. 薄利多销，不压货

俗话说得好："三分毛利吃饱饭，七分毛利饿死人。"利润微薄，价格降低，在竞争中以优势招来顾客，实现薄利——多销——赚钱的目标。小本经营资本相当有限，最怕造成商品积压，资金周转不了，成为死钱，包袱越背越重，影响下一步的经营，形成恶性循环。

6. 有利即卖，赚钱心不要太切

赚大钱是许多人的梦想。但大多数人终其一生却难以梦想成真。这是什么原因呢？是因为他们赚钱心太急切，小钱不想赚，大钱挣不来。曾有位百万富翁说过："小钱是大钱的祖宗。"生活中不少腰缠万贯的人当初就是靠赚不起眼儿的小钱白手起家的。

◎ 个性化投资项目备受青睐

专家认为，判断一个创业项目能否成功，最重要的标准是看这个项目是否具有自己的特点，即这个项目有没有"个性"，有没有区别于其他项目的特点。所谓有"个性"并非一个空泛的概念，"个性"是由许多具体实在的内容组成的。它包括这样几个特点：

1. 创新。项目必须是要新颖的，是市场还没有饱和的，仍拥有着可开拓的领域。

2. 创意。有新意，有特点，有自己特有的"卖点"。

3. 敢为人不愿。即使是再好的项目，在具体实施时也会碰到这样或者那样的问题，这时就需要创业者用冷静的头脑去思考如何应对。不要随大流，要做出自己的准确判断与决策。

4. 专业。好的项目具有一定的"专业知识"含量，因而可以在众多的项目中脱颖而出。

5. 有前瞻性。即使目前可能在市场上还不是很"吃香"，但好的项目一定可以在长久利益上胜出，是可以经得起时间考验的。

"个性化"的投资项目由于其自身的特点，投资者往往能成为"第一个吃蛋糕者"，收益高，短期内竞争者少。因此"个性化"投资项目备受江浙地区中小企业欢迎，它们十分看好水晶花制作技术，仿古家具的制作工艺及配方，亲子装等项目的前景。

◎ 在选择创业方向时，要问的几个问题

1. 你能否用语言清晰地描述出你的创业构想？

你应该能用很少的文字将你的想法描述出来。根据成功者的经验，不能将这想法变成自己的语言的原因大概也是一个警告——你还没有仔细地思考吧！

2. 你真正了解你所从事的行业吗？

许多行业都要求选用从事过这个行业的人，并对其行业内的方方面面有所了解。否则，你就得花费很多时间和精力去调查诸如价格、销售、管理费用、行业标准、竞争优势，等等。

3. 你看到过别人使用过这种方法吗？

一般来说，一些经营红火的公司经营方法比那些特殊的想法更具有现实性。有经验的企业家中流行这样一句名言：“还没有被实施的好主意往往可能实施不了。”

4. 你的想法经得起时间考验吗？

当未来的企业家的某项计划真正得以实施时，他会感到由衷的兴奋。但过了一个星期、一个月甚至半年之后，将是什么情况？它还那么令人兴奋吗？或已经有了完全不同的另外一个想法来代替它。

5. 你的设想是为自己还是为别人？

你是否打算在今后5年或更长时间内，全身心地投入到这个计划的实施中去？

6. 明白什么是潜在的回报？

每个人投资创业，其最主要的目的就是赚最多的钱。可是，在尽快致富的设想中隐含的决不仅仅是钱。你还要考虑成就感、爱、价值感等潜在回报。如果没有意识到这一点，那就必须重新考虑你的选择。

06 从市场信息中获得商机

◎ 要创业，就离不开市场

创业离不开市场，市场对创业者也是一道必经的坎。把握好了，可以为创业者所用，把握不好，就会迫使创业者败下阵来。

1. 市场调查可以防止盲目投入

创业离不开市场调查，通过市场调查，可以对自己的创业项目做出准确、科学的定位，而且还便于自己在经营管理中运作。有了市场调查，还可以防止盲目投入，避免不必要的风险。同样也可以对市场的发展做早期的预见，有利于成功创业，做到领先一步，获取前期利润。可谓：市场有情也无情。

2. 市场调查可以准确选择场地

通过市场调查，可以准确选择场地，对自己以后的创业可以减少因客流量不多、定位不准确而造成的麻烦。

3. 市场调查可以确定创业项目

一些成功的创业者在不同程度上，也表示自己或多或少也有过市场调查的经历和做法。尽管这样做会对自己的创业项目产生难以确定的情况，通过调查会发现这也不能做，那也有困难。但从长远发展来说，这种做法还是必需的，毕竟能对自己选定的创业项目有足够的思想准备。

◎ 一定要研究社会热点

1985年，英国王子查尔斯准备耗资10亿英镑在伦敦举行20世纪最豪华的婚礼。这一消息传出，立即成为社会热点，是英国老百姓最关注的话题之一。而精明的商人都绞尽脑汁，想趁机赚一笔。糖果厂将王子、王妃的照片印在糖果纸和糖果盒上，纺织印染厂设计了有纪念图案的产品，食品厂生产了喜庆蛋糕与冰淇淋，除此之外还有纪念章等各类喜庆装饰品和纪念品，就连平常无人问津的简易望远镜，也在婚礼当天被围观的人群抢购一空，众多厂家为此大大地赚了一笔。

要善于捕捉市场信息及社会热点。创业的商机往往通过市场信息反映出来，如能预先捕捉市场信息，在机会成熟前就充分地做好准备，才能很好地把握住创业商机。要研究社会热点，就应该做到：

1. 要多“看”

我们所生活的时代，是一个信息丰富和媒体日趋发达的时代。只要你注意观察，就可以得到很多社会信息。

2. 要常“想”

任何知识的学习都忌讳浅尝辄止。你对社会热点的关注也要深入思考，常常多想想这些社会热点所折射出来的现象和本质是什么，它的来龙去脉是怎样的，与其相关的背景有哪些。

3. 要善“归”

简单地收集社会热点材料并没有太大意义。你要善于把自己平时积累的社会热点材料进行归纳和梳理，这样就能够从中发现一些规律性的东西，加深自己对社会热点的思考。

◎ 要及时地捕捉市场机遇

市场机遇，又称为营销机遇、商机，是指市场上客观存在的，能促进企业营销活动成功并获得利润的可能性。

企业常常在竞争的市场中几多磨难，企业家亦常常感叹“生不逢时”。最终，许多企业因错失良机而破产。而另一方面，本来已濒于死亡的企业却因“天赐良机”而复生。难道企业的前途真的难测吗？

其实，市场机遇并不是深不可测的抽象之物。市场机遇普遍存在于市场营销的环境之中。

认识市场机遇，最终是为了捕捉到市场机遇。为企业的生存和发展创造条件。就像一切事物都包含着固有的法则一样，市场机遇的捕捉无不包含着观念的确立、独具慧眼的创意、正反思维的交替、新技术的运用等原则。市场机遇的捕捉不仅惟妙惟肖，而且见仁见智，引人奋进。

◎ 捕捉市场机遇需要什么观念

要想及时地捕捉到市场机遇，就需要有一些捕捉机遇的观念，它包括：

1. 时间观念

企业营销活动必须以充分利用时间为指导思想，以达到捕捉市场机遇的目的。现代企业的营销活动以市场需求为核心，而市场又是瞬息万变的，既为企业创造营销机遇，又给企业带来风险。

企业在现代市场竞争中，要抓机遇，争取时间，从而因势利导，化险为夷，在竞争中取胜。时间就是金钱，时间就是财富，以快取胜，创造时间效用，不轻易放过任何机遇。

2. 信息观念

企业营销活动必须以重视信息、充分利用信息为指导思想。市场信息是有关市场营销状况的消息和情报，是现代企业进行市场营销活动的重要资源。企业的一切营销活动，从营销方向的确定到目标市场的选择，从产品设计到产品销售后的服务，从营销决策的制定到营销策略的运用，都要以信息为先导，以信息为依据。信息的这些作用无疑决定了信息观念的重要地位。信息是管理者的耳目，企业要捕捉到市场机遇，就必须能掌握来自各方面的信息，知彼知己，方能取胜。

3. 营销观念

在经历了生产观念、推销观念、市场营销观念和大市场营销观念之后，人们发现营销观念关系到企业活动的全过程的成败，是企业的兴败的关键。营销观念的正确与否要联系到一定的历史环境，同时要以发展的眼光看待营销活动，企业往往就能捕捉到市场机遇，为企业的兴旺打下良好的基础。

4. 效率观念

在现代市场营销活动中，“快”是一大特点，市场机遇来得快，消失得也快，消费者需求变化也快，竞争对手崛起快，要求企业信息快、决策快、营销快，归根到底就是要求企业效率高。这样才能抓住市场机遇，掌握营销主动权。提高效率，就能减少劳动的支出，降低成本，为实施廉价策略创造条件。企业树立效率观念，就能以快动作、低成本、高收益来捕捉到市场机遇。

5. 竞争观念

企业要捕捉到市场机遇，就必须积极参与市场竞争，在市场上争顾客、争质量、争效益。竞争的规律是市场经济发展的必然规律和客观要求。

6. 质量观念

企业捕捉机遇是在满足消费者需求的过程中进行的，离开了消费者对产品或服务的满意之后，捕捉市场机遇将无从谈起。因此，企业营销活动必须重视质量。

7. 风险观念

企业的营销活动必须以敢于承担风险，善于避开风险、减少风险、分散风险，化风险为机遇为指导思想。

8. 社会责任观念

企业在人们的心目中似乎是一种唯利是图的形象。在现代社会，人们的价值观念已发生了变化，在竞争中获胜，仅仅依靠金钱是办不到的。俗话所讲的得人心者可以得天下，就是讲要树立社会责任观念。一方面，企业是社会的一部分，应理所当然地履行其所应负的义务。另一方面，在履行义务的过程中，企业可以得到很多的机遇。一旦取得公众的同情和支持，从长期来看，企业的机遇之源就能永不枯竭。

◎ 要深入研究市场机遇规律

市场机遇的规律性是客观存在的，这种规律性反映市场机遇的运动变化过程。只要了解了规律性，就有利于捕捉到市场机遇。

美国有个叫道格·德鲁姆的商人，在发现西伯利亚人视鹿角为无用之物，用鹿角盖屋顶，鹿的内脏被扔掉，总的利用率为64%的情况后，他立即到一家咨询公司对鹿产品的市场进行咨询。咨询公司告诉德鲁姆，市场机遇出现的一般规律可在不同的市场目标范围表现出差异性。德鲁姆立即着手进行了这方面的研究，并且充分了解了世界各地的鹿产品需求情况。他把鹿角送往香港、台湾、韩国，以每吨50万美元的高价出售；鹿肉分脊肉、煎肉、排骨等，以不同的价格供应市场；鹿的脂肪用于做香脂；鹿的内脏等制药，先后研制成的22种药品，畅销于世界市场。道格·德鲁姆因此大发其财，成为美国的一大富翁。

市场机遇处处可见，有一些是渐显的意想不到的，有一些是明朗但出现在不同的范围内的。抓住苗头，长于推理，由此及彼，由表及里，弄清本质规律，最终能如愿以偿。

◎ 发现那些新的市场需求

现代生活节奏越来越快，越来越多的人接受了时间就是生命、时间就是金钱的价值观念。快节奏的生活方式必然会产生新的市场需求，用金钱购买时间，是现代都市人的时髦选择。精明的生意人就会看到这一点，做起了各种各样适应人们快节奏生活需求的生意。

新华网曾有这样一篇关于伦敦的报道：生活节奏的加快和生活方式的改变使英国人日益远离厨房，喜欢在外就餐的便利与惬意。预计未来一年英国人花费在外出就餐上的支出将达到创纪录的280亿英镑，而这种强劲的需求将推动酒吧食品大行其道。

这篇报道充分说明了生活节奏的改变对市场需求的影响。

就国内而言，比如，在吃的方面，中国人口众多，随着人们生活水平的提高和生活节奏的加快，必然要求快餐食品品种更多、数量更大、服务质量更好，这方面的市场拓展大有文章可做；在穿的方面，由于生活节奏加快，人们偏爱随意、自然、舒适、简洁的服装，在非正式场合较少穿着一本正经的西服；在行的方面，拥有私家车对先富起来的人来说已成为现实，汽车出租业已由城市向乡村发展，围绕着交通和汽车用品市场开展生意，前景也十分广阔；通信业迅速崛起，各类通信工具不断更新，这方面的商品及服务需求也会不断增加。

另外，还可以围绕着适应生活快节奏开展一些服务项目，如家务钟点工、维修工、物业管理服务、快递、送货服务、上门装收垃圾、电话订货购物、预约上门美容理发、看病治疗等，都是可以进行的项目。

◎ 爱享受也能带来市场需求

人们的温饱问题解决后，更多地想到的是享受生活，追求个性完美，因而围绕着人们生活方式、生活观念的改变就会产生更多新的市场需求。

1. 美容保健成为时尚

爱美之心，人皆有之。首先追求自身的美，希望能青春永驻，潇洒美丽，这以收入较高的城市中青年女性最为突出。她们需要各种各样的美容商品和美容服务。除了女性，男性也爱美，男人用美容商品、进美容院今天也不是新鲜事了。不仅年轻人爱美，老年人也爱美。人们不仅追求自身的美，也关注与自身有关的美，如对自己穿的衣服、用的东西、住的房间等都会不断追求美。围绕着人们对美的追求做文章，你会发现市场潜力巨大。

人们不仅追求美，而且还会追求“健”，身体健康长寿是每个人良好的愿望。围绕着人们追求健康长寿的心理也会大有作为的，如现在都市兴起的各类健身房、健美俱乐部、乒乓球馆。随着人们生活水平的提高，这方面的需求还会增加。

2. “代”服务日趋红火

随着人们生活方式的改变，“代”服务行业日趋红火。寄养宠物、照料花草等各种“代”服务正悄然升温。节日亲友聚会，多喝了三五杯，“代驾”公司能帮你把车安全地开回家；一些长假赴外地探亲、旅游的年轻人，甚至希望房子有人“代住”，既照料家务，又防止小偷光顾。

3. 精神文化需求不断扩张

人们物质生活富裕了，自然要求丰富多彩的精神生活，向人们不断提供丰富多彩、高雅的精神文化产品和相关服务也正形成一种新的产业。随着节假日的增多，人们闲暇时间的增多，走出国门到外面世界走走看看的人越来越多，与此相关的旅游业务和产品发展前景也十分广阔。

总之，社会在发展，人们的生活观念、生活方式在逐渐发生变化。研究这些变化，研究变化所带来的现实的需求和潜在的需求，就是挣钱的着眼点。

07 生意要从“小”做起

◎只有小老板，没有小生意

卖一笼包子能赚多少钱？卖一瓶辣椒酱能赚多少钱？帮人订酒店能赚多少钱？

这些看上去微不足道的“小”生意，却成就了三个大企业：卖包子发家的天津狗不理，一年卖40亿辣椒酱的老干妈，在美国上市的携程网。

创业时，不要怕生意小，要有从“小”做起的心态和眼光。事实上，世界上没有哪个生意是小生意，只有会不会做的人。

两个年轻人一同出去找工作，发现道路前方有一枚1元硬币，李四看也不看就从上面跨过去，王五却低下头将它捡起来。李四鄙夷地看了王五一眼，心想：连一枚硬币你也捡，真是没出息的人。

五年后，两人在街头再次相遇。王五已经成了一个小老板，而李四却在寻找着下一份工作。道路上又出现一枚1元硬币，李四依然不屑去捡，并且疑惑地问王五：“很奇怪你这么没出息的人，怎么能混成现在这副模样？”

王五弯下腰拾起那枚硬币，说道：“如果你也能弯腰捡起一枚硬币，自然就会明白了！”

故事中的李四并非不喜欢钱，只不过他盯着的是“大钱”而不是“小钱”。不过正因为小钱不屑去捡，李四才永远也等不到“大钱”。通常情况下，巨大的财富很少从天而降，它都是通过小钱一点一点积累起来的。许多人赚大钱的心太急切了，使得他们只想着赚大钱，而忽略了小钱带来的积少成多的利润。

国外的小钱赢家也不少。曾经入选“美国十佳企业”的普罗克特·甘布尔公司，就是专门生产尿布、卫生巾等小商品的企业，他们的经营宗旨是“不以利小而不为”，尽管生产的都是微利产品，他们却将市场扩大到全世界，每年的利润是生产飞机的波音公司的四五倍之多。

◎ 抓住做小生意的机会

生意要从小做起，不要因其小而不为。任何生意其实都是从无做到有、从小做到大的。一步一个脚印，牢牢把握住各种机会，再小的生意都会有十足的甜头。

1974年，美国政府为清理自由女神像翻新时扔下的废料，向社会广泛招标，但几个月过去了，始终无人问津。一个英国商人旅游时，偶然间看到自由女神像下面堆积如山的铜块、螺丝和木料后，未提任何条件，当即就同意收集废料。就在一些旁观者等着看笑话时，英国商人却迅速组织工人对废料进行分类：将废铜熔化后铸成小自由女神像，水泥块和木头加工成底座，废铅和废铝做成纽约广场的钥匙，把自由女神像身上扫下的灰土出售给花店，这样一来不仅变废为宝，还实现了资源的合理利用。不到3个月的时间，英国商人就靠小自由女神像雕塑，换来了350万美元的现金，每磅铜的价格整整翻了一万倍以上。

据说，2008年北京奥运会主体育馆“鸟巢”的建筑废料，也被加工成微缩鸟巢作为纪念品出售，这想必与英国商人的做法有着异曲同工之妙。

看来，商机不论大小和新旧，只要能够获利就值得去争取。

◎ 不要看不起“小”商品

中山圣雅伦公司董事长梁伯强，被人们称为“鬼才”。说起来，他只是做指甲钳生意的，却因为敢于揭前总理朱镕基的“皇榜”而出了名。

1998年的一天，梁伯强在报纸上看到一篇《话说指甲钳》的文章，文中提到朱镕基总理在接见全国轻工企业职工代表时，谈到自己对于指甲钳质量的不满。朱镕基强调国内生产的指甲钳剪两天就剪不动，使大劲也剪不断。不仅如此，朱镕基还特地带来三把台湾朋友送给他的指甲钳，向与会代表展示其过硬的质量、美观的造型和实用的功能，以此激励大家要对产品质量高度重视，希望开发更多更好的新产品，把产品档次和质量尽快搞上去。

梁伯强看完文章后，心想一个小小指甲钳能在总理心头挥之不去，这里面肯定有巨大的市场。如果能做出一个质量过硬的指甲钳品牌填补市场空白，无疑是一次发财的巨大机遇。经过调查，梁伯强了解到在台湾销售的指甲钳并非本土产品，而是来自韩国和日本，其中韩国的指甲钳占据了世界指甲钳销量的头名。这下子，梁伯强心里有了底，他决定去世界上指甲钳质量最好的厂家学习先进技术。1998年10月，梁伯强前往韩国“偷师学艺”，他先是做了韩国著名品牌“777”指甲钳的代理商，一口气进了30万元的货，然后以质量问题为借口，来韩国的指甲钳车间参观生产的全过程。这学艺的过程，梁伯强前前后后共花了一年多的时间。1999年，梁伯强倾其所有在宁波开发区投资指甲钳生产线，并注册成立了中山圣雅伦有限公司。经过几年的发展壮大，圣雅伦指甲钳销售额达到了两亿多元，产品在全国四百多个商场销售，成为中国指甲钳行业的第一品牌，进入世界指甲钳行业的前三名。尽管是一个小小的指甲钳，却能成为国家领导人都操心的问题，可见其中必然藏着一个大问题。能解决这个大问题，真是不想赚钱都难。

◎ 首富的“小生意”经

靠“小钱”赚到顶级水平的高手，要数入围“2006年中国年度经济人物”的张茵女士。张茵问鼎内地首富的秘诀，就是回收废纸制造再生纸。

20岁时，张茵在深圳当一名小会计，那时候一个月才挣20多块钱。当时深圳虽然叫特区，但实际上没有任何资源，赚点小钱都是非常不易的，张茵在那里算是“缝隙中求生存”。在艰苦的环境下，张茵默默赚了三年的小钱。1985年，27岁的张茵带上3万元人民币只身闯荡香港，她入行造纸业，坚持品质第一的原则，不惜违反“行规”，改变了以往纸浆里掺水的做法。后来，因为她的豪爽、公道，收废纸的那些人都愿意跟她做生意，都愿意把收来的废纸卖给她。

1988年，张茵在广东东莞建立了自己的工厂——东莞中南纸业有限公司。之后为寻求更大的发展，张茵移民美国，并击败各路高手，成为该领域的冠军。此后她在中美两地遥相呼应，以在美国积蓄的财富和经验，扩大东莞工厂的再生纸生产规模。1996年，中国的高档包装纸出现供不应求的局面，尤其是高级牛皮卡纸。张茵及时抓住这一历史性机遇，成立东莞玖龙纸业有限公司，专门生产高档牛卡纸。于是，张茵在2006年的“胡润百富榜”上以270亿元荣居内地首富，同时也成为当时世界上最有钱的女性创业者。

像张茵这样买卖从“小”干起的做法，值得每一个创业者借鉴和学习。如果你能够保持那种小钱大钱都是钱的心态，不让每一个赚钱的机会从身边溜走，那么终有一天你的小生意也能做到令人难以想象的程度。

08 “冷门”也可以做热

◎ 项目可以不分“冷热”

臭豆腐是老北京风味的美食特产，距今已有300多年的历史。臭豆腐的发明人名叫王致和，说起来他当初“制作”臭豆腐也纯属偶然。王致和的老家在安徽省仙源县，幼年时他便常跟父亲一起去做小买卖，学会了做豆腐的一门手艺。那时候做小买卖很辛苦，父亲不想王致和步自己的后尘，省吃俭用要送王致和去私塾读书。1669年，王致和前往北京参加科举考试，结果不幸落第了。由于考试三年才有一次，回老家路途遥远、盘缠不够，王致和想来想去，决定一边留在京城读书，一边做老本行豆腐生意维持生计。

有一次，王致和照例将当天卖不掉的豆腐切成小块晾晒后，加上盐和花椒，仿效家乡制作腐乳的办法，放入缸中封存起来。不过，他很快便忘了这缸腌制的豆腐，很长时间之后才想起来，打开缸一看，满缸的豆腐全都绿了，还发出一股子刺鼻的臭味。王致和非常懊恼，想弃掉“绿豆腐”又有些心疼，就大胆地尝了一口，不想这绿豆腐臭中有香，吃饭时再细一品尝，简直是愈吃愈香。王致和又请来街坊邻里品尝，结果大家尝过他的臭豆腐之后都认为味道不错，可以作为佐餐佳品。

听人这样一说，王致和心里有了谱，心想：这种臭豆腐说不定还可以为我带来意外的回报呢。于是他又照样做了一些臭豆腐，并在制作工艺上有了较大改进，在研制成熟之后便直接推向市场，起名为“王致和臭豆腐”。这一冷门的东西刚上市时，人们由于不习惯这种食品的臭味全都敬而远之。王致和坚信自己臭豆腐的市场前景，不遗余力地大力宣传，免费让路人们品尝。慢慢地口碑相传，大家都熟悉了臭豆腐，因其物美价廉、开胃下饭，纷纷买回家作为开胃品食用。看着自己臭豆腐的生意越来越火，王致和就死了科举做官之心，专心做起了这一冷门的生意。到今天，王致和臭豆腐早已享誉海内外，不少外国人特地将其作为特产带回国品尝。

王致和臭豆腐的成功，对于我们的启示是：项目可以不分“冷热”，做好了都会有回报。在大家的眼里，热门项目向来是热热闹闹，冷门项目则通常无人问津。不过，冷门和热门其实是此消彼长的，冷门项目一旦做大，别人也会跟着行动，如此一来冷门也就做成了热门。

◎ “冷门”生意背后的创业经

雪茄烟，大家都见过，就是那些有钱有势的老外们嘴里经常叼着的一种烟卷。由于国内很少有人抽这种烟，所以我们对于雪茄烟的印象，依然还停留在各种影视剧的印象里。按说国内做雪茄生意的人应该是寥寥无几，但是你听说过一个26岁的中国姑娘是做雪茄烟生意的吗？先不要瞠目结舌，看看这个叫关琳的女孩是如何跟雪茄烟结下不解之缘的吧。

2001年大学毕业后，关琳来到一家四星级酒店打工，为一个法国大厨担当助手。法国大厨名叫维克多，平时特别喜欢抽雪茄，但是在北京要想买到一根优质的雪茄，却是一件很困难的事，对此维克多经常满腹牢骚。

维克多的抱怨，使关琳突然意识到：在北京有十几万的外国人，他们恐怕也会像维克多一样，对于优质雪茄烟有着强烈的需求。如果开一家品种齐全、烟草优质的雪茄专卖店，肯定会受到老外们的欢迎！

关琳的想法，得到了维克多的支持，他以入股的方式参与了投资。关琳为此辞去了酒店的工作，在欧美人集中的北京秀水街，开了一家“蒙特”雪茄专卖店。为扩大影响，关琳将雪茄消费群体锁定为驻京的外国人士，印刷了5000份雪茄专卖店的小广告，花钱让报社的发行人员把广告发送出去。很快，使馆区的老外都知道了一家叫“蒙特”的雪茄店，经营着品种丰富的高档雪茄，他们纷纷前来店里购买自己所喜爱的雪茄烟。2003年10月，俄罗斯SUR机电设备公司驻北京分公司举办五周年庆典，计划采购一批礼品赠送给高级客户。老总要求礼品务必高档、体面，采购人员当即在“蒙特”采购了一批古巴雪茄及雪茄剪、保温盒、加温器、专用打火机等专用工具。这一次采购下来，关琳可谓收益颇丰，要知道一个雪茄专用打火机价值2000元，保温盒更是在一万元以上！

尝到大买卖的甜头后，关琳受到了启发，她积极同驻北京的一些外国公司联系，推荐自己的“雪茄系列”高档礼品。到2003年，关琳已经同日本三菱、美国SAS、德国杜邦等数十家国外著名企业建立了长期的业务合作关系，成为他们的高档礼品供货商。就这样，一根根小小的雪茄烟让关琳发了财，一项冷门的生意在她手里做得红红火火。

09 从自己熟悉的领域中赚钱

◎ 越陌生，越危险

初次涉足商海的人到处都找不到项目，好像自己创业晚了，什么发财机会都给别人占了；对生意经验老道的人，他则处处看到赚钱机会，常恨自己精力不济、财力有限做不开。

这两者的差异根本上在于对市场了解的深度，只要仔仔细细去熟悉市场、调查市场、研究市场，不愁没有做生意的机会，所谓“留心处处皆商机”。但创业者要谨记：“做熟不做生”“越陌生，越危险”。

葛某从事药厂生产管理已经近7年，后来看到做代理商的朋友们发了，于是就和几个朋友合伙做起了地区代理，因不熟悉市场，产品选择不当，吴某不仅在此项目中一无所获，两年中还赔了十多万，加上自己的机会成本共损失近30多万元，后来放弃此项目后又重新进入一家保健品公司做起了老本行。

创业者在创业初一定要选择自己熟悉的行业，不要像案例中的葛某一样，从事自己不熟悉的行业，结果赔的一塌糊涂。

◎ 做你擅长做的事

如果用心观察那些成功的创业者，有一个很重要的细节是：无论聪明才智高低与否，也不论他们从事哪一种行业、担任何种职务，他们都愿意做一些他们感兴趣且擅长做的事。因为他们知道，做自己擅长的事情，成功才最容易，成功的速度也会越快。

正如一个国家选择经济战略一样，每个人都应该选择自己最擅长的创业项目，做自己最擅长的事。换句话说，当你在与人相比时，不必羡慕别人，你自己的专长对你才是最有利的，这就是经济学强调的“比较利益”。

对于创业的成功，比尔·盖茨也曾说过这样一句高度概括的话：“做自己最擅长的事。”微软公司创立时只有比尔·盖茨和艾伦两个人，他们最大的长处是编程技术和法律经验。他俩以此成功地奠定了自己在这个产业的坚实基础。在以后的20多年里，他们一直不改初衷，“顽固”地在软件领域耕耘，任凭信息产业和经济环境风云变幻，从来没有考虑过涉足其他经营。结果他们有了今天这样的成就。

如果你用心去观察那些成大事的成功者，都有一个共同的特征：即心中都有一把丈量自己的尺子，知道自己该干什么，不该干什么。有了自知之明和扬长避短，再抓住发展机遇，这个世界上于是有了“塑料大王”“汽车大王”“钢铁大王”等企业巨人。

◎ 你的技术就是饭碗

创业离不开技术支持，没有技术，如同鸿鹄失去展翅翱翔的羽翼，空有凌云之志，却无法奋发腾飞。从某种意义上说，技术是创业的资本，也是发展的原动力。在全民创业的“群英谱”中，有很多拥有技术并在创业道路上奋发前行的创业者，他们正试图通过自身的技术开启财富之门。

一直从事广告业的谢某打算开一家纯中国风格的手工布鞋坊，拥有自己的设计室和作坊，如果将来上了规模，再扩建成一个工厂。于是他开始拟定自己的创业计划。

谢某筹集的资金虽然不多，但开个手工布鞋店似乎是绰绰有余了，毕竟是劳动密集型产业，科技含量不会太高。于是他决定先定位为古代手工作坊的现代版，测算一下究竟要花多少钱。

首先是原材料投资。目前手工鞋的款式，已远远超出了人们十几年前的概念，近百种不同款式、不同面料的制作方法多得让人目不暇接，从没接触过手工鞋的谢某琢磨，要应付这么丰富的款式，得准备多少材料呢？起码得找一间仓库，放上几十个架子储放这些布料和辅料。此外，还得有麻线、棉线、尼龙线，成袋的面粉，夹板、锥子、顶针之类，预计需要30万元。

其次是设备投资。谢某准备走高档路线，所以他觉得必须建一个像样的设计室，有几台电脑，安装一套正版的AUTOCAD设计软件和PHOTOSHOP图像软件，以及扫描仪、彩色打印机等，必须有一个生产车间，宽畅、通风、明亮，有完善的照明设备、空调设备、消防设备，必须有几套机械化辅助生产设备，如裁样机、上线机、切边机、锁眼机，它们可让手工活儿变得更规范更漂亮。谢小康想到如今许多制鞋厂不景气，其闲置设备完全可以去廉价租用，这些预计需要20万元。

再者是人力投资。对于手工鞋业来说，这是最重要的投资。必须有一位优秀的产品设计师，他(她)要懂美术、会电脑、掌握消费潮流、了解国内外市场，还要能理解老板的意图、衔接生产环节……这人恐怕得高薪，工资至少3000元左右。基本劳动力先从再就业市场招聘10名踏实、能干、有经验的鞋厂下岗工或退休工，以女性为主，每月工资标准暂定800元，优者奖励。还需要一位销售经理，负责市场推广工作，这人恐怕也得高薪，至少2000元左右，这预计需要20万元。

70万元已经出去了。还有哪些环节需要花钱？最重要的门面没有考虑。别说是在商业高度发达的黄金地段，就是三环路上的那些临街店铺，价格也高得离谱，一套20平米的小店面，月租也得5000元，全年就是6万元。

再往深处想，手工做鞋的效率很低，即使是高手，做一双像样的布鞋前后也得3天。粘布壳得用20-30层棉布叠合，晾干后剪下底样，用麻线纳千层底，一针一线得戳整整800个针眼儿！照此算下来，一个设计师，10个熟练工，一个月也不过做80双鞋，而工资却要开出1.5万元——这80双鞋能换来1.5万元吗？谢某有点寒心了。

致命的一击来自一本朋友赠送的英文版精装画册《百年靴鞋》。看着洋画册上那美轮美奂的一双双欧美手工靴鞋，想想自己创业蓝图中的那一双双难卖高价的大众布鞋，谢某刚点燃不久的创业激情火焰，仿佛被一盆冷水“噗”地浇灭。一个多月的苦心思索，38页的创业计划，瞬间变成了一堆废纸屑。

另一位创业者李某是一个退休工程仪器设计师，退休后，他看好教学仪器市场，想利用自己的特长开一家教学仪器公司。当他仔细做过市场调查后，发现现在市场上教学仪器公司多如牛毛，而且个个神通广大、精明能干，怎么办呢？

他开始思考对手的劣势和自己的优势。他想：自己有过多年的工程仪器设计经验，在工程设计上时常有独特的创新，曾经获得过多项国家专利，只不过那时候自己尚在职，属于职务发明，专利归之于单位；现在自己退休了，如果再有创造发明，就可以申请为自己的专利了。那么，在技术上，就可以为对手筑起壁垒。另外，在客户资源上，自己在单位时，曾与多家学校都有过合作，帮助他们设计过教学仪器，现在有些客户仍旧会不时地来找自己帮忙，这是他可以利用的资源。那么，有了技术，有了客户资源，生产问题比较好解决；自己年纪大了，不想再拉大摊子，委托加工就好了，现在江浙、广东、包括就近的山东，愿意承接来料、来样、来件加工的小工厂多的是，从中找几家就可以解决问题。

这样想着，退休工程师李焕对自己的创业计划觉得拥有十分的把握。他开始行动，找了过去的一帮老哥们，很快把摊子拉起来。在营销方法上，他们也采取了比较保险的方法，不是拿产品去找市场，而是根据市场去设计和生产产品。他们会和学校交谈，看对方需要什么样的仪器，价位能接受多少，然后再有针对性地拿出解决方案，双方皆大欢喜。从创业开始第二个月起，他们就坐在那里数钱了。

以上是靠技术创业的正反两个案例。像谢某这样将自己的创业计划胎死腹中的大有人在，对创业的行业没有多少了解，而且在技术方面也不完全懂。即使想得再好，最终结果大都以失败告终。李某的创业经历证明了创业者利用自己的行业优势发展自己的企业就会成功，永远不要因为其他成功企业的优势而感到有威胁。技术就是你的饭碗。

10
概念创业：将 idea 变成现实

◎ 何为概念创业

30年前，美国人弗雷德·史密斯凭着一个想法——隔夜传递，被风险投资家看中，创办了联邦快递。如今，联邦快递已是全球最大的快递运输公司，在全球211个国家开展业务。

当许多人还在为没资金、没技术而大伤脑筋时，有那么一群梦想家，凭着敏锐的市场嗅觉和新奇的商业创意，从普通创业者摇身变成了日进斗金的创业家：第一家网络书店、第一个搜索引擎网站Yahoo、第一个拍卖网站e-bay、第一个打车软件……这些成功案例使“概念创业”浮出水面，让越来越多的创业者意识到，一个一闪即逝的灵感，也能成为梦开始的地方。

概念创业，顾名思义就是凭借创意、点子、想法创业。当然，这些创业概念必须标新立异，至少在打算进入的行业或领域是个创举，只有这样，才能抢占市场先机，才能吸引风险投资商的眼球。同时，这些超常规的想法还必须具有可操作性，而非天方夜谭。概念创业适合本身没有很多资源的创业者，需要通过独特的创意来获得各种资源，包括资金、人才等。

在创业者看来，概念创业由于涉及创意、想法等，因此觉得有些虚无缥缈，甚至认为是无从入手。其实，概念创业只是一种全新的提法，而作为创业模式，早就在许多创业成功案例中存在着。

◎ 异想天开型

异想天开中蕴藏着诸多的成功机会，飞机的发明源于福特兄弟“人类也能像鸟一样飞翔”的想法，大卫·H·克罗克的离奇想法则造就了“会飞的邮件”——电子邮件。创业也是如此，奇特的创意有时也能成为一种创业资本，有着剑走偏锋的神奇作用。当然，与众不同的创意，在创业初始会受到怀疑甚至嘲弄，禁不起考验的就会如昙花一现，而那些坚持下来并积极把想法转化成实际者，往往有着抢占先机的优势。

法国人贝利用自己独特的想法改变了旧报纸的命运。在贝利看来，每个人对自己的生日都很敏感，希望收到特别的礼物，而鲜花、蛋糕等传统礼物，由于其短暂性和普遍性，无法很好地体现生日的特殊性。于是，他创立了一家“历史报纸档案公司”，把旧报纸当成礼品，出售给生日日期与报纸出版日期相同者。从表面上看，贝利卖的只是一个“日子”，但却抓住人们追求个性化的心理，同时也抓住了独特的商机。如今，贝利每年可卖出25万份旧报纸。

◎ 问题解决型

每个人在日常生活中都会碰到或大或小的恼人问题，有人埋怨几声就息事宁人，有人则从自身经历或朋友的困境中发现商机。例如，晚上遛狗时差点给车撞了，由此推出宠物反光衣；发现孩子不会用大人的吸管，就开始生产弯曲吸管等。这一类型的创业者如能一针见血抓到问题所在，并且脑筋急转弯，想出解决问题的妙方，成功几率极高，当然问题必须带有一定的普遍性。

马利特目前从事消毒牛奶瓶生意，他的创业灵感来自一次郊游。马利特夫妇带孩子出游，给孩子喂食时发现没带奶瓶。他们从附近商店买了一只奶瓶，却无法对奶瓶进行消毒，制造消毒奶瓶的念头由此闪现。经过艰难的研发，马利特于2000年推出一种可回收的消毒奶瓶。产品一上市便大受欢迎，仅英国和美国两地，年销售量就超过400万个。

马云说："哪里有抱怨，哪里就有机会。"说的也是问题解决型创业项目。如果你能解决别人的问题，你借此创业成功的概率就会变高。

◎ 异业复制型

马化腾原本只是一个"超级网虫"，之后却拥有了一家注册用户超过2亿的网络服务公司，如此巨大的转变只是源于突发奇想：在网上"寻呼"朋友。这就是如今最流行的通讯方式——QQ，它的功能就如日常生活中的寻呼机，但以网络为载体，使用起来更方便，而且可漫游全球各地，因此被形象地称为"网络寻呼机"。一个"拷贝"过来的想法，改变了上亿人的沟通习惯，引领了一种新的网络文化，更创造了一种新的营利模式。

创业成功者未必都是新领域中第一个"吃螃蟹"的人，有时他们的创业想法来自成熟领域，只是在某些方面进行了创新。如果你不是点子王，但很会举一反三，联想力丰富，那么不妨试着把一个行业的原创概念复制到另一个行业。异业复制的好处是有范本可循，不必瞎摸索，但不同行业的经营模式能否移花接木得浑然天成，则是对创业者智慧的考验。

◎ 国外移植型

广州东利行公司与腾讯公司签署了为期7年的QQ形象标志有偿使用协议，当时许多人都怀疑，一只戴着红领巾的小企鹅能带来多大的利润？东利行总经理贺志军却从美国迪斯尼公司的成功中看出了商机：QQ的注册用户超过8600万，用户以年轻人为主，他们对时尚产品的购买力极强。于是，东利行提出"Q人类Q生活"的卡通时尚生活概念，开发漫画、精品玩具、手表、服饰、包袋等10大类约1000种带QQ企鹅标志的产品，并在全国各地开设了100多家连锁店。

东利行的创意源于全球闻名的迪斯尼公司。米老鼠、唐老鸭、白雪公主等卡通形象，已成为迪斯尼公司取之不尽的财源。东利行正是移植了迪斯尼的创业思路和赢利模式。如果你经常出国旅游或浏览国外资讯，见多识广，洞察力强，那么不妨把国外的新鲜点子搬回来。这是最便捷的创业方式，有成熟的模式，但需注意文化差异，要对国外的创业概念进行本土化改造，以免好点子水土不服。

◎ 概念如何成为金矿？

一个点子就能造就一个企业，概念创业有时的确有着四两拨千斤的神奇作用。但成百上千的想法，难以计数的灵感，就像沙子一样，创业者如何才能从中淘出金子般的创业设想？对此，专家指出，要把概念变为金矿，必须要经过两个重要步骤：

1. 严谨分析。创业者应对创业点子进行冷静而细致的分析，了解清楚自己的创意是否独具匠心，有没有强大的市场需求，是否具有可操作性，在推行过程中有无防止“克隆”的保护措施……在此基础上确定最有发展前途和风险相对较小的创业方案。

2. 多方咨询。任何梦想的实现都需要实实在在的实施，并且需要依靠许多外部条件。因此，概念创业者行动前最好多听听各方面的意见和建议，如成功的创业者、风险投资家、创业咨询机构等，他们提供的宝贵经验和专业指导，往往能起到点石成金的作用。

创业需要创意，要善于发现内心的金矿。但创意不等同于创业。创业需要技术、资金、人才、市场经验、管理等各种因素，如果仅凭着点子贸然去创业，是行不通的。以IT创业为例，不少人认为就是几个年轻人，一个创意，一个专利技术，一笔风险投资，占一片市场，弄到股市上，然后一夜暴富。其实，IT创业过程非常复杂，从创意构想，到筹集资金、设计研发、市场推广等，需要经历无数环节，其中任何一个环节出现问题，都可能导致创业失败。

11
无孔不入才是生意人

◎ 赚宠物的钱

在商业活动中，把握机会的直接结果就是赚钱获利。产生商机的根本原因是信息的不对称性，也就是说，谁能够率先把身边的信息变成机会，谁就能容易赚到钱。

无孔不入才是生意人的本色，那些爱折腾的人才能通过不同渠道赚到钱。

宠物医院，大家都听说过并不陌生，但是对于“宠物酒店”，相信知道的人恐怕还很少。在今天的香港，就有一家生意做得很好的宠物酒店，它是香港爱护动物协会所在大厦三楼里的一间店铺。这家“酒店”设有10多间“客房”，每间客房的面积为60多平方英尺（约5.4平方米）；客房内除了卧室外，还配有24平方英尺（约2.2平方米）的厕所、一块木板床，床上还有大毛巾做被褥。不仅如此，每间客房里冷暖空调齐全，客房外还有可供散步的走廊，宠物们在走廊里可以沐浴日光，享受自然空气。酒店里每天都有专业的服务人士照顾宠物，住进“酒店”里的宠物们不仅一日三餐无忧，一星期还能享受到一次按摩及梳理毛发。酒店的收费标准是每天200港币，包住房费和服务费。许多香港有钱人经常外出公干或旅游，因担心宠物无人照料，便将自家猫狗寄养于此。这家宠物酒店的生意好得不得了，常常客满而安排不开，一般主人要提前3个月预订房间才可以入住。

赚宠物的钱就是赚宠物主人的钱，只不过直接服务对象不再是人。换个角度看，寻找商机不一定只局限在人身上，动物、植物、石头甚至垃圾，一样也能从中找到盈利点，只要你足够留心观察身边的这些小东西。

◎ 赚女人的钱

男人的主要兴趣在于赚钱，女人的主要兴趣在于花钱。比较而言，赚女人的钱要比赚男人的钱容易10倍。以生产剃须刀闻名的美国吉列公司，原来只是在赚男人的钱，后来他们也开始慢慢地赚女人的钱了。吉列刀片一直以刀片质量优良享誉全球，在新产品研发方面，吉列也是不遗余力。在原型吉列刀片的基础上，吉列先后生产出蓝刀片、薄刀片、超级蓝刀片、不锈钢刀片、超级不锈钢刀片、增塑刀片、RTRA刀片等多个品种。当然，其中不可思议的新产品，就是推出“女性专用剃毛器”。

20世纪70年代初，吉列公司的策划人员在市场调研中发现，大多数30岁以上的美国职业女性为了保持良好的形象，都会定期使用吉列男士剃须刀剃除腿毛和腋毛，她们每年在这方面的消费竟然高达7500万美元。于是，吉列公司顺水推舟，迅速推出了专供妇女使用的“刮毛器”，并在新产品握柄上印有鲜艳的雏菊图案，以迎合女性的心理特点。吉列刮毛器上市后很快一炮打响，原来偷着使用男士刀片的女人们，终于可以大方地在市场上挑选自己喜欢的刀片了，吉列公司也因此利润大涨。

类似赚女人钱的做法，还有经销万宝路香烟的菲利普·莫里斯公司，他们设计的女士香烟在市场上颇为走俏。之后，该公司又在1970年买下米勒啤酒，继而开发出一种女士啤酒，美其名曰“啤酒中的香槟”。这种女士酒上市后占有率一路飙升至21%，几年后就成为美国啤酒业的走俏品牌。

根据最新的家庭消费结果显示：女人是家庭购买行为的主要决策者，家庭里55%的购买行为都是由女人完成的，看来赚女人的钱的确是一种可靠的商业做法。

◎ 靠节日赚钱

老外们的节日很多，许多时尚的洋节日（比如圣诞节、情人节等）如今都传到了中国，不仅深受年轻人的喜欢，还大大超过了部分中国传统节日（比如重阳节）的人气。于是，很多人就想到了利用老外的节日做文章，从中获利。

当年的宁波人陈俊范正是看准了洋节日的商机，搞活了自己的大中玩具厂。为适应圣诞节、母亲节、情人节、万圣节等洋节日的需要，大中玩具厂生产了各类款式新颖、品种繁多且迎合外国人口味的毛绒玩具，不仅在国内的销量很火，还同时打入了美国、日本、香港等地的玩具市场。专做节日的生意，使得大中玩具厂在1995年上半年就出口利润近5000万元人民币，1997年销售额更是达到了1亿元。

看完了这个故事，不知道大家在以后过节的时候，除了花钱之外，有没有可能想到卖点东西赚钱。

◎ 去陌生的地方赚钱

熟悉的地方没有风景，这句话同样适用于商业领域。李国强在家门口做了6年生意，几乎什么都干过：卖菜、卖鸭子、开餐馆、倒卖过服装，甚至还办过一个职业介绍所，但是每次都以失败结束。后来，因为一次偶然的机会李国强去了一趟青海，发现那里竟然没有人卖海带，于是立刻打电话给老父亲，让其发10箱海带到格尔木。谁知这一发就不可收拾了，三年后李国强成了那里的海产品大王，还把连锁店开到了新疆和西藏。

2006年，李国强从西部回到内地，发现在他熟悉的那条街上，竟然全是外乡人的买卖：温州人的眼镜店、安徽人的烤鸭店、湖南人的竹器铺、广东人的小家电，等等，并且每一家的生意都是红红火火。耐人寻味的是，当年曾经与他一起做生意的几个伙伴却已不见踪影，他们把家门口的市场留给了外地人做，各自跑到外地去寻找机会。

李国强于是悟出了一条赚钱的规律：当你在熟悉的环境里没有出路时，不妨到陌生的环境走走，就会发现机会。陌生的地方蕴含着新奇、灵感和商机，那些无意中踏入陌生地方的人，大多都能把握住成功的机遇。

◎ 生意的“旁边”也是生意

1956年，松下电器并购大阪的一家公司，老板松下幸之助委任西田千秋为该公司总经理。西田千秋注意到公司以前是专门做电风扇生意的，于是试着询问松下可否开发新品种，松下对他说：“我们只做‘风’的生意就可以了。”

4年后，松下再次亲临这家工厂视察，当看到厂里正生产暖风机时，便询问西田千秋：“这是电风扇吗？”西田回答说：“不是。但是它和风有关，电风扇吹的是冷风，暖风机吹的是暖风，你说过要我们做风的生意，这难道不是吗？”松下点点头，默认了他的做法。

之后，西田千秋一手打造了松下的“风之家族”，除了电风扇、排风扇、暖风机、鼓风机之外，还生产用于果园和茶圃的防霜换气扇，适宜培养香菇的调温换气扇以及家禽养殖业的棚舍换气系统等。

生意上，总是在一条路上走，早晚会将这条路走绝、走死。如果我们不能另辟蹊径，做出新产业，事业便不会有大的起色。实际上，生意的旁边也是生意，西田千秋在拳头项目的旁边试着迈了几步，便发现了无数条商机，正是这些机会引领他走向了成功。

在美国，有一个叫罗比的人，用几年时间收集了7万多件“失败品”，然后创办一个“失败品陈列室”，并一一配上言简意赅的说明，一时间观者如潮，为其带来了滚滚财源。生活中这样的例子屡见不鲜，机会永远是无处不在的，只要你能够看准它、利用它，就能为自己带来意想不到的财富和成就感。

◎ 做洋品牌代理

之前，人们还对商场周围商业黄金地段出现的真维斯、佐丹奴等店名好奇得不行；仅仅五六年之后，“专卖”、“代理”等名词已经以远远超过大型商业改组的速度进入我们的生活。“品牌时代代理品牌”，正在改变着人们的创业和消费的习惯。

做洋品牌代理的利润空间很大，即最少的利润空间也能保证在30%。这与很多国内品牌代理不得不去面对微利的竞争相比，的确很有赚头。

不过，在选择洋品牌时，也有几个陷阱是必须要注意的。

首先，并非只要是洋品牌就一定有利可图。目前大量的国外品牌进入中国市场，由于对国际品牌比较陌生，很多人并不真正了解这些品牌。实际上，国外品牌也分很多等级，通常情况下，利润空间最大而且也最容易推广的是一线品牌。而对于二线、三线品牌，由于品质、品牌效应等差异，市场开拓要困难得多，选择不好不但赚不到钱，反而会令自己的资金全部陷入其中。

其次，由于代理费往往比较可观，造成一些洋品牌有意无意靠招募代理商生存，有的只是想借着招募代理的幌子牟取暴利。

另外，成功与否还与当地的消费者以及多种因素有关，要承认区域上的差别，比如南方就比北方好做，大城市比中小城市好做。所以，在选择洋品牌之前，必须要对该产品的特性以及所在城市的消费力水平有着真切的认识。

◎ 发掘文化遗产

河南洛阳市南石山村的高水旺一家做的高仿古陶，一件就能卖8000多元，而且还供不应求。

社会越现代化，人们就越向往寻根，越向往返璞归真，这几乎是人类无法摆脱的一个宿命。经商者要懂得掌握社会趋势。此类操作一般都投资不大，市场是现成的，比较适合中小投资者和创业者作为创业优选项目。要注意的是，很少有此类项目拿来就可以直接投入商业运作的，即使可以直接投入商业运作，一般也只能利用某些守旧的老客户赚钱，所获利润十分有限。

所以，此类项目要想有较大作为，一定要注意以下几点。

1. 必须运用现代化的商业手段，对其进行重新包装和定位，使它不但能吸引守旧的老客户，更重要的是吸引属于消费中坚力量的青年客户，这是成功的第一个关键。

2. 最好的选择是实用性和文化蕴藏兼备的项目。

3. 具有较高艺术欣赏价值的项目，如高水旺的高仿古陶、河南新安县李中献的澄泥砚均属此类。此类项目一般具有高加附值的特点，但同时需要从业者拥有某种特殊的专门技术，一般人很难掌握，所以并不适合普通投资者。另外，此类项目因为在一般情况下属于“高度小众”项目，在打开市场时较难，往往需要有特殊渠道或需要较多投入，这也是它不适合中小投资者和创业者的地方。

如果你把眼光放开一点，那么，你不仅可以从传统中找到机会，你还可以从民族文化、地域文化等方面找到机会。

◎ 赚中学生的钱

从目前的实际表现看，中学生是社会各群体中对时尚表现最敏感和追求最热烈的一个群体。

深入研究发现，中学生群体具有这样的几个特征：

1. 对时尚信息最敏感。

2. 生活态度积极乐观。

3. 对小圈子的一致认同度高。

4. 情绪化与外观趋向。

5. 技术兴趣高并重视技术投入。

6. 重视自我与强调个性。

7. 有强有力的个人直接购买力与间接购买力。

从中学生的群体文化里面，我们可以发现一些和他们的文化吻合的一些市场：

1. 紧密交往的圈子市场

利用中学生对于“伙伴”的认同，开发适合伙伴们一起玩的产品，因为中学生之间要互动才好玩。目前这方面可供开发的产品很多，显示出一个很大的市场。

2. 高度变化中的符号市场

中学生比较强调个性，而中学生眼中的个性是通过一些具体、前卫的符号或者载体来体现的，比如，动感地带“我的地盘我做主”就是利用周杰伦在很多中学生中的“符号作用”而轻松获得成功的。在这个方向上，设计制造符合中学生心目中“符号形象”的产品，如时尚概念手机、个性化的廉价手表等，都很容易引起中学生共鸣，使生产者轻易获利。

3. 运用高技术的高增值市场

中学生对于技术比较有兴趣，因此，时尚另类的新技术娱乐产品等，都会受到他们的欢迎。

◎ 赚农民的钱

农民之间的攀比意识比较强，一个村子里面有一个人家买了一个新玩意儿，其他人就会有人来询问，并且可能马上也买一个。此外，农民对于与同村里面的邻居的关系交往比较重视，因此逢年过节互相串门送礼品是很常见的现象。另外，农民对于产品的实用价值更加看重。

因此针对农民群体，同样存在强大的市场需求。以下可以供创业者参考：

1. 农村生活必需品市场

对于农民来说，最重要的还是衣食住行，但是生活水平的提高，使他们希望消费质量更好的产品，因此针对农民推出适合农民需求的产品，会得到较大的认同，这和蓝领的情况有异曲同工之处。

2. 农村的零售业市场

现在，很多农村都没有便利的超市，以致农民购买产品都得到集市上去。在这种情况下，针对农村的超市，如果有良好的物流系统和较低廉的价格就比较容易获得成功。

3. 农村休闲娱乐市场

随着农民生活水平提高，对于休闲娱乐的需求也相应增加了，因此面向农村的休闲娱乐设施，如兼具戏台作用的乡村电影院、廉价的电影音像租售店等都会有不错的前景。

◎ 赚新男性的钱

男性市场不断地产生与角色相对应的时尚标志和消费需求，从而滋生出了一个新的细分市场——新男性群体。

根据男性群体特征，企业可以捕捉到男性消费者市场的营销热点：

1. 新男性装备品市场

在新男性的装备品中，有很多产品的市场拥有巨大空间，如男用化妆品、名牌手表、数码产品、西服、高级运动装备等。在新男性服装市场，很多品牌都获得了成功，如七匹狼、新郎西服等。而一些新男性的边缘时尚品，比如男性饰品目前品种少，款式也显单调，男性饰品市场其实孕育着更广阔的商机。

2. 针对新男性的渠道专卖

随着新男性群体的发展，越来越多的产品需要面向新男性进行营销，因此从渠道创新的角度，新男性的专卖店更加能够满足新男性的需要。例如，可以将数码产品，笔记本电脑，男士香水、服装、手机、手表等综合起来，实现新男性的装备一体化经营，开设新男性品牌专卖店等。

3. 男性奢侈品市场

新男性的时尚标签里，奢侈品是永远流行的元素，因为男性需要靠这些来修饰自己，同时通过消费获得成功和尊贵的感觉。拿高档手表来说，时下流行的一句话是“名表，男人的珠宝”，由贵金属、钻石等制成的手表是新男性显示身份、富有程度的一种需要，尤其在交际场合，洽谈生意、宴会等重要时刻戴上名表，更加彰显尊贵。但是目前尽管高档男表销售量大于女表，却并没有手表厂家对新男性进行更深入的开发，高档名表的男性市场还有很多潜力可以挖掘。

◎ 赚“新富人”的钱

新富群体主要集中大城市，或者金融、IT、电信、房地产、贸易等行业比较发达的城市。

新富群体是一个特殊的阶层，他们通常不愿意和普通的人在一起娱乐，因此通常都是选择在和自己身份一致的圈子里休闲娱乐，比如打高尔夫、野外度假，等等。新富人群的这几个显著特点可以细分出三个市场：

1. 新富个性化健康市场

新富群体为了追求事业成功，常常劳累过度，因此针对他们的健康食品、体检中心和高端医院，无疑都会满足他们的健康需求。

2. 新富投资理财服务

现在新富群体的银行存款的比重都比较高，但是投资的比例较少，最主要的原因是新富群体缺乏理财的知识，也没有专门的机构来帮他们理财，因此致力于为新富传播理财知识和帮助新富理财的顾问公司将会得到他们的欢迎。

3. 新富个性化休闲娱乐市场

新富群体喜欢有品位的俱乐部、沙龙，如高档会所、新概念俱乐部。

第三章

chapter 3

起步阶段，应该有一张成功路线图

创业计划的制定

12

为什么要制定创业计划

◎ 制定创业计划，是一种开业模拟

创业计划要求提出一个具有市场前景的产品和服务，围绕着产品和服务，完成一份完整、具体、深入的创业计划，以描述公司的创业机会，并提出行动建议。很多创业者在创业时目的并不明确，且大多并未做好创业计划，这也是创业成功率偏低的主要因素。

制定创业计划，是一个确认创业方向、评估创业项目、构思创业步骤、完善创业细节、预测创业风险的过程，所以是一种正式行动前的思维演练和开业模拟，有助于事先发现问题、解决问题，提高创业成功的概率。

王琪本是一家医院的护士，经常参加医院组织的母婴护理培训，并取得了资格证书。有一次她到北京帮亲戚照顾坐月子的新妈妈，却发现了一个大商机。一位在妇幼保健医院工作的同乡告诉她，平时自己每天都要接触很多孕产妇，发现她们多半是北京的“新移民”，因为娘家和婆家都离得太远，老人又不能来京照顾，因此她们只能靠自己和丈夫。

但由于缺乏产期护理知识和对新生儿的护理经验，小夫妻对此十分头痛，有人甚至还因为恐惧患上了产后忧郁症。

听到这里，王琪脑海里突然灵光一现：北京市每年有数以万计的产妇，如果自己开家小型宾馆，专门为那些没有亲人在身边的产妇提供“坐月子”的专业护理服务，一定会大有市场！

想法倒是有了，可是是不是可行呢？于是她开始马不停蹄地奔走在北京各大医院的妇产科病房，进行市场调查。王琪询问一些老家在外地的年轻新妈咪：如果有一个既宽敞又卫生的地方，能专门照顾产妇和婴儿，不需家人帮忙和插手，你们会愿意吗？结果许多产妇说，如果真有这么个好地方，我们马上就会去！这下王琪心里有底了，开始大胆实施她的创业计划。

在看完了她的创业计划之后，开宾馆的同乡马先生觉得可行，于是把自己部分房间承包给她做成“月子客房”，由她提供专业配套服务，而宾馆提供日常必需品，收费略低，房间租金也便宜。就这样，北京首家月子宾馆——新妈咪月子屋成立了。

在报纸上登出广告的当天，她就接到30多个咨询电话，并很快迎来了第一对顾客。因为她的护理十分专业，这里的环境温馨而舒适，新妈咪坐月子期间都觉得十分轻松、开心。通过产妇们的口碑相传，仅仅半年多时间，王琪的“月子宾馆”就渐渐有了名气。

但是业务越来越多之后，问题也会接踵而来。比如权责问题，客户层问题等。于是王琪又开始重新制定创业计划。

凡是入住“月子宾馆”的产妇，她都要在与其签订的合同书上注明母亲的饮食禁忌和责任划分。这样就可以有效避免意外纠纷。

同时为了吸引高端顾客，她认为“月子宾馆”应该提供更科学、更专业的服务。为此，她特意高薪聘请了几位退休的妇科医生和教授，作为自己的专业顾问做指导。同时，根据顾客不同的消费能力和护理要求，王琪把收费档次分为从5000元到13000元不等。收费不同，服务的星级也不相同。如收费1万元，不但24小时有专人陪护，而且婴儿用的也是高级奶粉、高档纸尿裤等。

她又把护士专业和营养师、保健师的职业联合到一起，给具备这些综合知识的人员定岗为“高级护理师”，并且进行岗前培训，直到考试通过后，高级护理师才有资格为来此“坐月子”的妈妈制定护理计划。而护理计划中还包括排除产妇生育后体内残存的瘀血、废气，定期使用器械设施，让月子期间的妈妈们收缩子宫和盆腔等内容。

考虑到都市女性还承担着事业的压力，对体形的恢复有着很高的要求，王琪还特意在休息区里摆上健身球和体型恢复器，供准备回到职场的妈妈们恢复体型所用。产妇人数达到一定数量后，她还聘请了专业的瘦身教练，辅助这些妈妈们恢复身材……

现在，王琪已包下了整幢宾馆的三百多个房间，手下有上百人。不仅北京白领把来此坐月子当成一种时尚，她的“月子宾馆”还吸引了大批在京工作的外国产妇呢！

创业计划对创业者来说至少相当于一份地图对于一位旅游者所起到的作用。制定创业计划的整个过程也是创业者的一个开业模拟实验。他会发现许多问题并为解决问题设计方案。切实可行的计划不仅能增强创业者的信心也能赢得融资人的信任。制定创业计划会为你获得竞争优势。

◎ 有创业计划才有创业目标

创业计划是创业者关于某一项具有市场前景的新产品或服务的可行性商业报告。

有些创业者在几乎没有商业管理经验的情况下，不制订详细的创业计划就开始创业。这就好比飞行员没有制订飞行计划就盲目起飞，创业时的盲目试飞相当危险。创业计划可以为创业者的业务发展提供指示图，并成为衡量业务进展情况的标准。

凡事都需要一个周密的计划，才能接近成功。毕竟一夜暴富的神话只是个别的，对创业者来说，计划尤其重要。当创业的想法还只是脑中的蓝图时，只有把蓝图实实在在地画在纸上，才真正算是迈开了创业的步子，否则蓝图将永远停留在脑中。

◎ 制定创业计划有助于缓解紧张的情绪

制定创业计划对创业者与团队有很多的好处。创立新事业以实现梦想愿景，虽然可以为创业者带来极大的自我肯定与成就满足，但创业过程往往也会伴随着沉重的焦虑感与高度紧张的心理状况。取得财富的过程，往往会带点赌博性的挑战，一个错误决策可能会使许多人长期陷入困境，而事前的创业规划将有助于降低创业者对于这种赌注式过程所带来的焦虑与紧张。总之，创业计划将可以使创业者及早认知未来新事业可能遭遇的各类风险，并事先预备一些对策，这对于创业者面对未来风险与挑战会有帮助。

制定一个完整的创业计划需要投入很多精力，创业计划完成时应该是一份结构清晰、内容完整、可作为公司宪章的业务文件。通常，创业计划是一份完整、独立的文件，用以介绍市场需求，公司如何满足这些需求，并强调实施工作所需资源。创业计划要提交给公司筹办合伙人、潜在投资者及融资公司、潜在雇员、合作伙伴及顾问、客户及供应商。

◎ 创业计划可以影响创业成败

新事业开发也可以透过计划的过程，而获得许多帮助。研究显示，对新创企业与小企业而言，计划与绩效之间存在显著的正向关系。也就是说，擅长做规划的企业，其经营绩效会比不擅长做规划的企业要好很多。

创业计划将可避免遗漏任何重要议题，并促使创业者提前思考应对策略，以提升危机处理能力与降低新事业的风险。因此，全面性的创业规划将有助于提升创业者的事业经营能力，增加新事业成功的机会。

创业计划可将创业者的事业构想、愿景与发展潜力展现给潜在投资人与事业伙伴。经过认真研究和思考后的创业规划，可让投资人感受到创业者的强烈企图心与新事业成功的可能，因此能够为新事业争取到许多有利的外部资源。

创业计划为新创事业设定目标与发展路径，并展现创业团队的决心与创业者期望组织能够呈现的价值。

13
创业计划的制定

◎ 创业目标一定要易于操作

创业者在制定创业目标时要遵循一定的原则，不能随便制定一个根本不可能实现的目标。

按常理讲，只有通过努力能够达到的目标，才能称得上是真正的目标，才是真正有意义的目标。为什么制定的目标一定要易于操作呢？因为在创业之初，企业的生存是当务之急，如果此时制定的目标难以操作或者根本就不能操作，那么势必会造成人力、财力的巨大浪费。而在创业之初，无论是财力还是人力浪费，往往都影响着企业的生存和发展。对于创业者来说，制定了难以操作或者根本不能操作的创业目标，无疑是在给自己和企业的生存出了难题。

相反，如果创业者制定的目标易于操作、容易达到，不仅能迅速解决企业的生存问题，提高企业的生存能力，而且还可以制造旗开得胜的局面，借此鼓舞士气，从而促使企业迅速进入正常的运行轨道。因此，在创业之初，创业者在制定创业目标时，一定要注意制定一些易于操作的创业目标。那么，对于初创业的人来说，什么样的创业目标才算是易于达到、易于操作的目标呢？一般而言，易于达到、易于操作的创业目标具备以下几个特点：

1. 目标具体明确，看起来不似是而非。

2. 长期目标和短期目标相结合。

3. 目标有明确的完成期限。

4. 目标符合自己的实际情况，符合自己的人生观和价值观。

5. 目标有一定的保留余地。

6. 目标简洁而不贪多。

当然，以上列举的只是一般意义上的易于达到、易于操作的创业目标的条件而已。在创业之初，各行各业都有自己的独特点，每一个创业者面临的情况各不相同，因此创业者在依照这些条件和标准去制定易于达到、易于操作的目标时，还应该结合自己企业的具体情况。只有这样，才能在创业之初制定出真正的易于达到、易于操作的创业目标，使企业更易于生存下来，更容易进入正常运营的轨道，从而成功地实现创业。

◎ 理智地评估创业计划

一般来说，我们可以从以下几个方面评估创业计划是否可行：

你能否写下你的创业构想和创业计划？你应该能用很少的文字将你的想法描述出来。根据多年成功创业者的经验，不能将这想法用语言表达出来的原因大概是你还没有仔细思考吧！

你真正了解你所从事的行业吗？许多行业都要求选用从事过这个行业的人，并对其行业内的方方面面有所了解。否则，你就得花费很多时间和精力去调查价格、销售、管理费用、行业标准、竞争优势，等等。

你看过别人使用过这种方法吗？一般来说，一些创业成功的大型公司的经营方法比那些特殊的想法更具有现实性。

你的想法经得起时间考验吗？当未来的企业家的某项计划真正得以实施时，他会感到由衷的兴奋。但过了一个星期、一个月甚至半年之后，将是什么情况？它还那么令人兴奋吗？

你的想法是为自己还是为别人？你是否制定了长期创业计划和长期发展计划？你是否全身心地投入到这个计划的实施中？

你有没有一个好的网络资源？办企业的过程，实际上就是一个组织诸如供应商、承包商、咨询专家、雇员的过程。为了找到合适的人选，你应该有一个服务于你的个人关系网。否则，你有可能陷入人员不可靠或滥竽充数的情况之中。

你是否明白什么是潜在的回报？每个人投资创业，其最主要的目的就是赚最多的钱。可是，在尽快致富的设想中隐含的绝不仅仅是钱。你还要考虑成就感、爱、价值感等潜在回报。如果没有意识到这一点，那就必须重新考虑你的计划。

14
创业计划书的撰写

◎ 创业计划书应包含的内容

创业目标和创业动机确定后，需要提出一份完整的创业计划书。创业计划书不仅可以使创业者对创业目的和过程一目了然，在某些时候，创业计划书除了能让创业者明了自己的创业内容，坚定创业的目标外，还可以兼具说服他人的功用。例如，创业者可以借创业计划书去说服他人合资、入股，甚至可以获得一笔创业基金。创业计划书应包含的内容有：

1. 创业的种类。包括你所创办的企业的名称、组织形态、创业的项目或主要产品名称等，这是创业最基本的内容。

2. 资金规划。就是创业的资金来源，应包括个人与他人出资金额、银行贷款数额等，这决定了企业以后的股份与红利分配。另外，还应该清楚地记载整个创业计划的资金总额的分配比例。如果你要以创业计划书来申请贷款，应同时说明贷款的具体用途。

3. 阶段目标。阶段目标是指创业后的短期目标、中期目标与长期目标，主要是让创业者明了自己企业发展的可能性与各个阶段的目标。

4. 财务预估。创业计划书要详细记录预估的收入与预估的支出，最好可以列述企业成立后三至五年内每一年预估的营业收入与支出费用的明细表，这些预估数字可以让创业者准确地计算利润，并对何时能达到收支平衡更加明了。

5. 行销策略。所谓的行销策略就是了解服务市场或产品市场、销售方式及竞争条件在哪里，主要目的是找出目标市场的定位。

6. 可能风险评估。这一项目指的是在创业过程中，创业者会遇到的风险。这些风险对创业者而言，有可能会导致创业失败。因此，可能风险评估是创业计划书中不可缺少的一项。

◎ 创业计划书摘要要写出特色

创业计划书中的计划摘要十分重要。它是商业计划书的浓缩和精华，涵盖了创业计划的要点和核心内容。计划摘要将是创业者所写的最后一部分内容，但却是出资者首先要看的内容，它将从计划中摘录出与筹集资金关系最大的细节，包括：公司内部的基本情况，公司的能力以及局限性，公司的竞争对手，营销和财务战略，公司的管理队伍等。

因此，计划摘要要写得既简明而生动地勾画出项目的全貌，又突出项目的重点；既讲清项目的先进性和可行性，又讲清项目的商业价值和高回报性；既有清晰的逻辑思路又有切实的证据链加以印证；既能看清项目发展的脉络，又能然让人感受到项目实施团队的能力和作用；既能看到项目已经具备的相关优势，又能明了需要的帮助和支持的方向、目标和作用，能给读者留下长久的印象。

◎ 从潜在投资者角度构思商业计划书

要从潜在投资者的角度构思商业计划书，就是说要进行换位思考。商业计划书是国际通行的融资文件，理解商业计划书的内涵将使创业者在融资操作方法上适应国际惯例，掌握国际资本市场的内在规律，能使创业者合理设计自身的发展战略。事实上，一份好的商业计划书可以帮助投资者发现具有投资价值和发展潜力的创业项目和创业企业，可以在投资者和创业者之间搭建起实现沟通的桥梁。这对于创业企业获得风险投资的支持是非常重要的。

从潜在投资者的角度构思商业计划书，还有四个非常重要的问题：

1. 表明你的行动的方针。在创业计划书中不仅应该讲清企业如何设计生产线、如何组装产品、需要哪些原料，更重要的作为风险投资商最想听的是你将怎样组织和指挥你的团队实现你的既定方针和目标。

2. 展示你的管理队伍。把一个创业设想转化为一个成功的创业企业，最关键的是要使投资者感觉到："这是一支能一直杀入世界杯的球队！"因此，在创业计划书中，应明确指出你这支团队的人才结构特点、优势、潜能及在特殊条件下战斗的实战能力！

3. 点燃未来的曙光。就是要展示创业企业未来的前景。这里要抓住三个重点展示"曙光"：首先，要展示创业企业未来的发展态势，让投资者体味到曙光；其次，要显示创业企业未来盈利的计算依据，让投资者感受到曙光；最后，要安排出创业企业未来股东撤股的设想和时机，让投资者预见到曙光。这样，就会给自己、给别人以信心和力量。

4. 要在竞争环境下展示产品或技术的特点。创业者应细致分析竞争对手的情况，要讲清你将采取什么样的招数和战略战胜你的竞争对手。只有这样，风险投资商才能从你的创业计划书中看到希望，看到力量，看到你的竞争能力和竞争实力，才敢于给你风险投资，扶植你创业。

第 四 章

chapter 4

你的团队需要一个会讲故事的人

创业中的融资之道

15

为什么要进行融资

◎ 创业需要做好资金准备

对于开创企业的人来说，你拥有的资金越多，可选择的余地就越大，成功的机会也就越多。因此，创业前一定要有必要的准备资金。

1. 准备一笔启动资金

如果没有资金，一切就无从谈起。资金的来源可以通过各种渠道筹划，如自有资金、集资、贷款以及与别人合伙等。启动资金越充分越好，因为经营启动后可能会遇到资金周转困难的情况。特别是刚开始经商，这种可能性更大，而创业者边经营边筹划资金的能力，又远不如已经有一定根基的商人。如果准备资金不到位，就可能因一笔微不足道的资金，弄垮你刚刚起步的事业。因此，要充分考虑开业资金的筹措，适时、适量、适度地储备和使用，做资金使用的统筹安排，力求把风险降到最低程度。

2. 动产或不动产变现

自己的动产或不动产变现是资金的主要的也是最可靠的来源。以前财主们将钱放在家中，甚至藏于地窖，唯恐外露。如今，人们把钱存入银行，变成存款，取得利息。而在经营者眼里，单吃利息钱的增值太慢，钱要变成资本，资本就能迅速增值。资本只有在运动中才能增值，投放到生产、流通领域的资金才能盈利。资本能变换价值形态，吸收人才、技术、信息、原料、设备等资源。如果经过仔细选择寻找到合适的项目，对技术、市场等均有信心，就果断将手头的钱投资到你充分论证、选择的项目中去。但有一点应该提醒你注意，要留一些备用金以防不测，因为鸡蛋不能都放在一个篮子里面。你可留一部钱购买国债和储蓄，以备家庭生活和生意上急用，这也可以使你能坦然处事。

3. 通过他人筹集资金

自己的资金不够，可以通过亲戚朋友集资，也可以动员其他老板来投资。但你要说服别人投资，必须要有一整套详细的实施计划和可行性论证，再加上你个人的魅力和口头说服力。要承诺并实现风险共担，利益均沾，认真谨慎使用别人的钱，自己宁可吃亏，也要保证按约定兑现应给别人的投资回报。这样，你才有信用，别人才会源源不断地借给你钱，或继续投资给你，在你困难时，大家愿意帮助你。切记，“好借好还，再借不难”，做人做生意都要讲究“信义”二字。

当然，如果有一定的条件，也可以通过银行贷款来筹集创业资金。

在开始创业之前，一定要做好充分的资金准备。这样才能保证创业按照既定计划顺利地进行。

◎ 资本是经营运行的血脉

企业的创立、生存和发展，必须以一次次融资、投资、再融资为前提。资本是企业的血脉，是企业经济活动的第一推动力和持续推动力。

而对于创业者来说，开创新的企业，最大的困难就是如何获得资金。创业者如果筹不到足够的创业资金，不仅寸步难行，而且还有可能导致企业无法生存下去。因此，对于创业者来说，必须正确地认识融资的重要性，想办法通过融资解决创业的资金问题。只有资金到位，并合理运用，创业者才有可能在尽可能短的时间内，取得良好的开局。

事实上，在创业之初，创业者的融资能力往往影响着企业的生存发展，一个能正确认识融资的重要意义并善于融资的创业者，往往容易使创业获得成功。

在创业之初，创业者不是一定要有足够的资金才能开始创业，也可以在有了创业计划和项目后，通过融资去创业。在创业过程中，创业者只要对融资有正确的认识，争取投资者的信任，往往比较容易筹集到更多的资金，从而为企业的生存和发展创造良好的资金环境。

因此，在创业之初，创业者必须正确认识融资，积极地开展融资工作，拓展融资渠道，为企业的生存和发展筹集到更多的资金。

16 创业资金从哪里来

◎ 自己出资

很少有创业者在没有动用个人资金的情况下就办起了新的企业，因为从资金成本或企业经营控制的角度来说，个人资金成本最为低廉，而且在试图引入外部资金，尤其是获得银行、私人投资者以及创业资本家的资金时，必须要拥有个人资本。

一些创业者很清楚开创一个企业的过程中所存在的风险，另外一些创业者则认为他们自己并不具备成功地发展和运营一个企业所必需的才干和技能，因此有意识地避免使用自己的资金。

外部资金的投入者通常会认为，如果创业者自己没有资金投入，就可能对企业经营不会那么尽心尽力。个人资金的投入水平，关键在于创业者的投入占其全部可用资产的比例，而不在于投入资金的绝对数量。外部投资者要求创业者投资全部的可用资产，认为这就标志着创业者确实对自己的企业充满信心，并将为了企业的成功付出必要的努力。创业者应该时刻牢记，不是投入资金的绝对数量，而是占其可用资金的比例，才最终决定着外部投资者对创业者投入水平的满意程度，进而决定是否投资。

◎ 民间借贷

新创企业早期需要的资金具有高度的不确定性，而且由于需要的资金量较少，对银行和其他金融机构来说缺乏规模经济性。除了一些特殊情况，机构的权益投资者和贷款人几乎不涉足这一阶段的新创企业融资。

因此在这一阶段，对新创企业来说，除了创业者本人，家庭或朋友就是最为常见的资金来源。出于他们与创业者之间的亲情关系，也由于他们易于接触，他们是最可能进行投资的人。这样有助于克服不熟悉的投资者所面临的一种不确定性，即对创业者本人缺乏足够的了解。家庭和朋友能为新创业提供少量的权益资金，部分满足大多数新创业所需要的少量资本需求。有时候家庭或朋友的帮助并不是直接提供资金，而是通过提供担保等方式帮助创业者获得所需要的资金。

◎ 从银行贷款

银行是专门经营货币信用的特殊企业，它以一定的成本聚集了大量储户的巨额资金，然后把这些资金利用起来赚取利润。银行除一部分用于投资外，大部分都用于发放贷款。

个人向银行贷款要注意以下三点：

1. 用活优惠政策

创业贷款是指具有一定生产经营能力或已经从事生产经营活动的个人，因创业或再创业提出资金需求申请，经银行认可有效担保后而发放的一种专项贷款。

2. 要货比三家

按照金融监管部门的规定，各家银行发放商业贷款时可以在一定范围内上浮或下浮贷款利率，比如许多地方银行的贷款利率可以上浮或下浮30%。其实到银行贷款和去市场买东西一样，挑挑拣拣，货比三家才能选到物美价廉的商品。相对来说，国有商业银行的贷款利率要低一些，但手续要求比较严格，如果你的贷款手续完备，可以对各银行的贷款利率以及其他额外收费情况进行比较，从中选择一家成本低的银行办理。

3. 合理选择贷款期限和利率

银行贷款一般分为短期贷款和中长期贷款，贷款期限越长利率越高。如果创业者资金使用需求的时间不是太长，应尽量选择短期贷款，比如原打算办理两年期贷款可以一年一贷，这样可以节省利息支出。另外，创业融资也要关注利率的走势情况，如果利率趋势走高，应抢在加息之前办理贷款，这样可以在当年度内享受加息前的低利率；如果利率走势趋降，在资金需求不急的情况下则应暂缓办理贷款，等降息后再适时办理。

◎ 申请风险投资

风险投资是一种金融手段，但是它和其他类型的金融手段有着截然不同的区别。风险投资与银行贷款不同，银行贷款不仅需要弄清贷款的公司或个人的财务状况，还要求有一定的担保才给予贷款。

风险投资者与被投资者在某种意义上是同生死、共患难的。

创业者要想获得风险投资，就要让投资者知道他们最想知道的。他们在与创业者接触时最想知道的是：这家企业的最基本情况、企业生产什么、企业的技术实力、产品是否真正具有强大的生命力、现在企业的经营状况、企业管理人员的素质怎样、创业者是否具备所谓的企业家精神，企业主管的人品，等等，这些是他们需要了解的首要内容。

接下来，你应该说明企业需要的风险投资金额、风险投资资金的去向与投资者股权的分配等。对他们来讲，投资多少、股权的分配并不是最重要的，最重要的是这项投资能否获得利润，获得利润的多少及时间的长短。他们随时准备将所拥有企业的股份卖给第三方。所以，让投资者具备信心是最重要的。

◎ 进行股权融资

对于尚未有知名度的新成立的创业企业而言，吸引投资者对企业产生兴趣和信心，使广大投资者在众多的投资机会中独垂青于自己，在竞争激烈的资金市场出奇制胜获取所需资金，既是它们迫切希望的事，也并非是一件简单的事。

创业企业获得发展资金的主要途径是吸引投资。

市场上有许许多多投资者，如何吸引投资者使其对公司产生注意，进而使其对公司的发展、前途和潜力产生信心，从而对投资本公司产生兴趣，下定决心真正采取投资行为呢?

公司管理层面临的是广大投资群体，这些投资群体包括银行、其他大型投资公司等。

然而，什么样的策略才能吸引这些投资者呢?必须从制定一个详尽的经营计划入手。

一份详尽的经营计划，就是一项事业成功的敲门砖，就是投资大门的门票。

创业者为了吸引投资，认真地撰写营运计划书，发现缺点后，又一再改写，最终是希望能提出一个最完美的计划书，达到吸引投资者的目的。可是别忘了，拥有一套完美的计划并不意味着资金已经到手。

好的经营计划虽然不需要让大众知道，但却需要让所有潜在的投资者知道，更需要进一步以它去寻找投资可能性高的投资者，然后加以介绍解说，以获取信赖，赢得信心，才能达到吸引投资的目的。

所以，好的经营计划应在最适当的时机，以最适当的方式，展现给最适当的对象。所有的条件具备了，在这场吸引投资的争夺战中就可以说是立于不败之地了。

17 如何向风险投资家融资

◎ 天使投资、风险投资和股权投资

在大众语境中，天使投资、风险投资和股权投资（Angel/VC/PE），三者都可认为是人们常说的风险投资，也叫创业投资。而从严格的概念上说，股权投资的对象指未在证券交易所公开上市交易的资产，所以股权投资概念涵盖了另两种，并具有更广阔的范畴。

简单来说，三者是根据被投项目所处的阶段来划分的，天使投资是种子期，风险投资是早期、成长期，股权投资是成熟期。

尽管如此，三者的区别并不仅仅体现于时间的先后，不同阶段的投资往往是由不同的投资者进行的，投资的金额、来源以及投资者的关注点都有差别。

那么，为什么不同阶段的项目需要不同的投资呢？这主要是由项目在不同阶段的特征所决定的。

种子期的项目，往往只有一个创意、概念和初始团队（有些只有一两个创始人），创意能不能转换为一个商业模式，具有高度的不确定性，需要通过一段时间的尝试，来对创意背后的各种假设进行验证，从而探索到真正可行的方向。在此过程中项目的方向和内容随时有可能面临调整，而且项目一没有历史，二缺乏连续性，唯一稳定的、可供投资者参考的因素就是团队（而且主要是创始人），因此种子期的投资主要看人。人是极其复杂的，要想对一个人做出判断就必须深入了解他、和他打交道。由于这个过程依赖大量的经验和直觉，很难进行理性的分析，因此履行这个任务、做这个决策的，一般都是个人投资者。这也是“天使”这个称号的来历。此外，由于尝试和探索所需的资金量一般不是太多，个人投资者出得起，且项目越早期风险越大，所以天使投资的金额一般也较小，一般都在500万人民币以下。

成长期一般是指一个项目经过种子期的摸索，探索到一条有较大可行性的道路时，便进入到成长期。可以说种子期是纸上谈兵，成长期则经过了实践，从市场的反应中看到了希望。企业进入成长期以后，战略基本成型，准备着手投入资源（其中资金是关键资源）去实现这个战略。这个时候投进去的，就可以算作是风险投资了。所以风险投资是企业战略初步成型以后用以支撑企业去实施战略的投资。此时企业刚刚在市场上取得一些成绩，或者看到了一些成功的苗头，但企业自身的资源不足以支撑它，需要引进外部的资源。对投资者而言，企业战略所隐含的关键性的假设通过市场已经有所验证，此时可以对项目进行理性的分析，并能够对面临的风险进行相对准确的评估。这就有了机构化投资的基础，也即实际的出资人可以委托专业的投资人士进行操作并对投资人士实施监督，从而在投资领域产生了委托—代理关系；另一方面，这个阶段企业需要的资金量相对比较大，如果由个人投资者投资将很难分散风险，因此投资的机构化也成为必然。因此，风险投资一般都是以基金的方式实行机构化运作的，投资额一般在千万量级。

通常说风险投资是指投成熟期项目的资金。此时企业在市场上已经取得了一定程度的成功，企业通过稳定的经营已经能够从市场上可持续地获取经济资源，并已经取得了一定的市场地位，短期内不再面临生存的问题。此时企业融资的需求相对多元化，有些是为了规范上市，有些是为了实施并购进行产业整合，有些则可能是延伸业务线，不一而足。但它们都有一个共同的特征，即企业进行股权融资的目的都是为了上更高的台阶。对投资者而言，此时企业自身拥有的经济资源已经较多，尽管投资的金额一般较大（小额资金企业靠自身积累或者银行贷款就能解决），但通过对赌、回购等契约条款能够将投资的风险大小锁定在一定的范围内，因而风险较为可控，股权投资者期望的是在较短时间实现较高收益，图的是快进快出。另一方面，此时企业某种意义上并“不差钱”，融资往往是着眼于长期战略或者产业资源整合，因此会要求投资者不仅仅出钱，还需要具备一定的产业背景或其他资源，以协助企业顺利完成其目标。如果说天使拼的是眼光，风险投资拼的是判断，那么股权投资拼的就是资源。

◎ 与投资人接触时要避免犯的错误

创新工场的创始人李开复先生，曾经在微软和谷歌公司担任高层经理，自己创业后也从事与投资相关的事业。李开复总结了创业者与风险投资机构接触时应避免犯的五个错误

1. 盲目的给投资者发推荐信

在创投界有一个普遍的观点，那就是，“如果一个CEO都不能找到一个中间人可以把他推荐给VC,那么他可能成不了一名非常优秀的CEO”。所以不要认为盲目的发电子邮件给VC，VC看到邮件就会投资。事情没有那么简单的。投资人需要每天看成百上千的商业计划书，并通过深入的调查和筛选评估，不会如此草率的行事，所以也不要抱有侥幸的心理。

2. 毫无准备的去见VC

在与VC第一次见面时，需要精心研究VC的相关资料。他们的背景、投资过的项目是哪些公司，有什么特点。那些他们成功的案例里有什么能与自己扯上关系特点的。提前准备好要在见面时给对方留下好的印象。

3. 错误的沟通方式

你需要简明扼要的传达自己的意思。就是“用一句话介绍你自己”的方式来开始你们的谈话。言简意赅的谈论接下来的话题，市场的大小和定位？竞争对手是谁？与竞争对手有什么不一样？团队的特别之处？

4. 花太多时间在市场分析上

切勿在市场概述和商机上花太多的时间，VC可能比你更了解这些东西，但是重点还是抓紧时间向VC介绍你们公司的产品和团队，为他们解答他们不了解的事情。

5. 第一次会面就与VC争辩观点

不要在第一次会面时就试图说服VC哪里有错。当然并非毫无主

见的同意VC所说的所有观点。如果某一点上没有谈拢就转移到其他卖点，但要侧重谈论你们公司积极的一面。

◎ 识破投资人的常见谎言

1. “我喜欢你的公司，但是我的合伙人不喜欢。”

换句话说，就是“no”。这个项目负责人不过是想让创业者们相信他是个好人、聪明人，能真正理解创业者所做的一切的；而“其他人”却不是这样，所以别怪罪于他。这是在推卸责任，别信他什么其他合伙人不像他一样喜欢这个项目的言论。他要真这么喜欢，他一定会投钱成交的。

2. “如果你能找到其他VC先投钱，我们就跟。”

换言之，“no”。说这话的风险投资家其实是说：“我们不看好这单生意，但是如果红杉（一家大型风险投资机构）先投的话，我们也会跟风。”也就是说，一旦创业者们不需要钱，风险投资家会乐意给他更多。而创业者想听到的是“如果你找不到其他VC先投资，我们来投”。这才是一个信任你的投资人。

3. “先做起来给我们看看，然后我们再投资。”

言下之意，“no”。这句话可以翻译成“我不相信你描绘的大饼，但是你如果能赚大钱证明给我看，那么，你也许能说服我。但是，我不想告诉你我不打算投资，因为我说不定判断失误，然后，老天，你没准还能搞定一个财富500强客户，那时候，我不就活脱脱像个混蛋了”。

4. “我们喜欢和其他风险投资商联合投资。”

你要相信风险投资家必是贪婪的。贪婪在风险投资这个行当里的意思是“如果这是个好项目，我就要一人独吞”。而创业者们想听的正是“这轮投资，我们拿下了。我们不想要任何其他投资者的加入”。然后，创业者们的任务就是去说服他们为何其他投资者的加入能够把蛋糕做得更大，而不是减少他们手里的那块。

5. “我们想要投资你们这个团队。”

这句话意味深长。投资团队是没错的，而创业者们听到的意思就是：“我们不会解雇你们——如果我们投资全然是因为你们，我们又怎么可能解雇你们呢？”这可一点儿不是风险投资家的意思。他的真实意思是“只要事情进展顺利，我们就会继续对你们这个团队投资，但是如果情况不妙，我们就会赶你们走，有谁是不可或缺的呀”。

6. “我会放很多精力在你们公司上面。”

不要相信这句话，因为同样的话他也对另外十多家公司讲过，而且他的工作就是在十几个董事会之间奔波开会。数一下他得参加多少个董事会议吧。创业者应当假设一个风险投资家每个月花在一家公司上的时间在5–10个小时之间。就是这样，面对现实吧！

7. “我们能帮你敲开我们客户公司的大门。”

这是个双重谎言。首先，一个风险投资家不能总是在客户公司为他人大开方便之门。坦率地说，他的客户公司将因此而讨厌他。最糟糕的事情莫过于让他来为你引荐了。第二，即使风险投资家能为你开方便之门，创业者们也不能太当真地期待那些公司会成为你的忠实顾客——也就是说，有些东西顶多就是说说而已。

8. “我们喜欢投资创业初期的项目。”

这是又一个拒绝的借口，如果你透过现象看本质，就会发现风险投资家喜欢投资于成功团队、成功技术、和成熟市场上。他们是异常规避风险的，尤其是因为他们手里的钱并不属于他们自己。

◎ 能贷款就别拿风投的钱

刘强东曾向年轻创业者提出建议：“在创业过程中需要资金的情况下，应优先考虑从银行贷款，实在不行再考虑风投的资金。”

“风险投资的成本是全世界最高的。如果大家能够从银行贷款的话一定要从银行贷款，千万不要拿风投的钱。”刘强东在演讲中说。

他提醒年轻的创业者，融资的多少并不代表创业的成功，关键在于创业项目是否能够解决实际问题。

“现在只要有一个创意，你可以拿到3000万美金的投资，真的很容易，很多人很高兴，”刘强东说，“但是不要忘了，你拿到多少融资不是你的财富，你拿到多少融资，你将来就要10倍、20倍的把这个还回去。”

他指出，创业的每个人都要问自己一个非常关键的问题，这个项目到底解决了什么问题。

“如果你什么问题都不能解决的话，那么我可以说你的项目注定会失败，所以创业是为了要解决问题。”刘强东说。但他同时也指出，在创业时一无所有，也很难拿到银行的贷款，所以没有选择的时候还是要找投资人。

刘强东的这番话，显然是他自身在创业过程中的切身体会，在创办京东过程中，他曾多次遭遇到资金链断裂的危机，不得不引入如今日资本、高瓴资本这样的外部投资者的加入。

18
有效融资的四种招数

◎ 第一招：借大树乘凉

如今连锁经营已成为了一种主流的商业经营模式，许多大公司为了扩大市场份额，快速有效地扩大经营覆盖面，通常都会以优惠待遇吸引个体创业者连锁加盟。这些优惠待遇虽不是直接的资金注入，但是对于那些受资金所困的创业者而言，其实就是一笔隐性的资金援助。比如，加盟时免收相关费用或者免费得到相关设备等，都能为个体经营者省出一大笔投资。此外，连锁经营一般实行货物配给制度，这又在一定程度上为创业者省下一笔周转资金。如此计算下来，经营一家有实力的连锁店铺，倒不失为一条好路子。

对创业者而言，战略、管理、技术、市场等方面的规划与实施都是巨大的难题，因为他们本身缺乏经历与经验，也缺乏品牌效应。对成熟的企业来说，迅速的扩张会面临着资金与人力资源的短缺，因为资金与优秀的人才总是稀缺的。连锁加盟的形式，刚好满足了彼此的需求，实现了双方的共赢发展。

特许经营、连锁经营等“联众项目”，是个体创业的一条捷径，其好处就在于有成熟的、知名度高的企业为你输出品牌、战略、管理、技术和市场选择等现成的资源，加盟者只需输出一部分资金和利润，就能得到稳定的市场运作体系。打个比方，这就像是用铁索将一艘艘小船捆绑在一起，变成商海中的联合战队，这样无论是翻船或者沉船的几率，都会小了许多。

◎ 第二招：合伙创业

合伙创富是商业发展的一种趋势，它能够有效弥补个人水平和资源上的不足，有利于提高创业的成功率。合伙做生意的好处主要包括：聚合和整合不同的资源，有效筹集资金，充分发挥两个人的智慧互补性，有效减轻创业压力。创业期间烦心事总是千头万绪，两人或多人分工合作，则可以顺利开展活动。合伙人之间力求取长补短，各司其职，共同承担市场带来的压力与风险。会赚钱的人总是“坚持利他就是利己”的理念，积极与同道中人一起合作，互相帮助。因此，判断合伙创业是否成功的标准就是：1加1一定要大于或者等于2!

合伙投资虽然可以解决资金不足，但也应当注意一些问题：

首先，要明晰投资份额，在确定投资合伙经营时，应当定好每个人的投资份额，不一定平分股权就是最好，如果没有合适的股份分配制度，有时候平分投资份额会为以后的矛盾埋下祸根，当权力和义务相等时，大家做事时就很难把握好平衡的尺度，容易出现自相矛盾、患得患失的决策和做法。

其次，要加强信息沟通。合伙创业的根基就是感情上的信任，如果大家都认为“你办事我放心”，那么这种合作显然是最为牢固的。一旦有误解或分歧，要直接说出来，求同存异，力求找到最折中的办法。

第三，要事先确立章程。合伙经营不能因为大家感情好或者有血缘关系，就没有制度和章程上的约束。无章可循往往是合伙失败的源头。

◎ 第三招：变废物为宝贝

有的时候，我们可以利用别人眼中“没用”的资源作为自己的资本创业。在别人眼中的一些不值钱的甚至是没用的东西，在我们手中可能就是一种赚钱的工具，没听说过“垃圾是放错位置的好东西”吗？比如说亏损的企业，在很多人看来是一个大包袱，但是有些商人却不这么看。他们故意收购那些亏损的企业，把这些企业的现有资产作为抵押物，向银行贷款变现而获得创业的资金。不可否认，这种创业筹资的方法风险确实很大，因为在获得资金的同时，你还要承担这家企业的大笔债务。然而，换个角度来看，创业就是风险与机遇的共同载体。如果你有足够的胆识和能力，那么这种融资的办法将帮助你在短时间内走向成功。

有个年轻人打算建立一家规模不小的服装厂，经过成本核算，除去一处面积不低于400平方米的厂房，各种设备和周转资金总共需要200万元。不久，年轻人物色到了小镇上一家濒临倒闭的皮革厂，因为皮革厂负债过于沉重，年轻人几乎没花太大代价就得到了工厂所有的资产，当然也承担起了工厂全部的债务。生产场地有了，但资金还是个问题。在朋友的帮助下，年轻人又以皮革厂的资产为抵押，向银行贷款200万元。除去工厂以前的债务，年轻人几乎是没花一分钱就解决了创业所需的资金与设备问题。之后，皮革厂在年轻人的经营下慢慢复苏，如今已经实现了扭亏为盈。

◎ 第四招：曲线救国

如果资金实在不足，不妨先低调一点，想办法积累到一定的资金，然后再一展宏图。说起曲线救国最成功的案例，莫过于联想前总裁柳传志。联想公司创业初期没有资金，只是替别人卖机器勉强维持生计。当初柳传志南下香港，并不是直接就从电脑生产做起的，而是改做对外贸易。通过做贸易，柳传志不仅积累了一笔资金，更学会了如何做管理和销售，同时也明确了海外市场的需求。在有了这些基础之后，柳传志选择做电脑主板业务，杀了一个回马枪，重回国内IT业，这才有了日后的辉煌。

无论是追求何种成功，资金永远都是最为重要的资源之一。如何拿来这最宝贵的资源，是很多创业者为之苦苦思索的问题。草根起家的有钱人都是先从借钱开始发展的，借钱是一门艺术，也可说是一门魔术，所谓“戏法人人会变，手法各有不同”，最适合自己或者最能拿到手的借钱手段就是好方法。无论何种借法，心中都不要有太多的心理压力，更不要有耻辱的感觉。借钱是为了事业的成功，也是为了更大的发展。借钱不是目的，借来的钱用于事业创造财富才是目的。

第五章

chapter 5

建立一个愿景，带领大家去追随

创业团队的组建

19 创业合伙人的选择

◎ 为什么要选择合伙人

选择合作伙伴不能凭感觉，也不能抱着试试看的心理去做，必须要有端正的态度，必须从多方面审视自己，同时也必须对周围的环境和切身利益做周密的思考。为了避免麻烦，一开始在选择合作伙伴的时候你就应该慎重。

大体来说，人们之所以需要合作伙伴，是出于这样一些原因：

1. 资金问题。独自创业资金不够，希望大家能一起凑一凑。

2. 交情问题。大家本来就是好朋友，吃饭做事都在一起，一起创业也是件自然而然的事。

3. 资源问题。一个人如果拥有很好的资源，大家创业时就会自然而然地想到邀他入伙，以便利用其资源。

4. 专业能力。光有钱是不够的，还要找些懂管理、懂市场营销的人，方方面面的专业人才一起创业，创业成功的把握才会更大一些。那些离职的外企“高干”，如吴士宏、唐骏等如此吃香的原因，一是因为他们见多识广，二就是他们经过外企高职正规化的训练和熏陶，管理能力确实胜人一筹。

几个人合作起来创业，与单打独斗式的创业比较起来，其优势是十分明显的。比如说可以风险共担，群策群力，众人拾柴火焰高，创业资源更加充裕，人员调遣更加从容，可用资源更丰富，能使企业成长速度更快，发展得更好。

◎ 合伙人之间合作的关键是利义并重

人与我、义与利是合伙人相处时接触最多也是最难处理的关系。有些人在创业时能够有难同当，一旦事业小成，有了利益可图时，就只剩有福我享了。这样就不可避免地与其他合伙人产生利益冲突，解决不好就会导致企业垮台。

因此，合伙人在经营中要注重合伙企业的整体利益，注重与其他合伙人的关系。但是作为合伙人之一的“我”又有自身的个人利益，这就导致在决策时自己的观点和意见与其他合伙人不一致，甚至冲突。简言之，就是个体与整体的关系、全局与局部的关系，人与我、义与利的关系。要解决好这对矛盾，就是要在人与我、义与利之间保持适度的平衡，人我两利、利义并重。此时，合伙人既不用放弃个人的利益，又不会损害其他合伙人的利益，在个体与整体之间求得最佳平衡点。在这种状态下，合伙人就能友好相处。

合伙人的利益就是你的利益，只有通过合伙企业发展，才有个人的发展，这样就能人我两利、利义并重。有了这种心态，合伙人才能友好相处。

◎ 信赖是合伙人之间合作的基础

经营之神松下幸之助曾经说过：“用人的关键在于信赖，其他的都是次要的。如果对同僚处处设防，半信半疑，一定会损害事业的健康发展”。

合伙人的经营管理理念不尽相同，个人意见很可能不被其他合伙人采纳和接受。如果大家都能互相信赖，相互谅解，相信彼此都是为了把生意做好，自然不会搞出其他的事情。互相信赖是合伙成功的基础条件。当然，它是与疑而不用紧密联系的。如果一个人，你觉得他没有诚意、居心叵测、缺乏能力，总之和你心里的合伙人形象相悖，就不能与之合伙，更不能与他相互信赖。但如果经过仔细调查和观察，觉得他可以信赖，是你理想的合伙人，就一定要推心置腹，充分信任。

信赖是对他人人格的尊重，是人与人之间最可宝贵的感情。没有信赖，就不能使其他合伙人感到被尊重，也就不可能使合伙人充分发挥其主观能动性和创造性。

当然，相信他人在生意场上是要冒一定风险的。然而，除非你不打算合伙，否则就必须相信你的合伙人。一定要有“用人不疑”的气度，才能使生意有更大的发展，千万不可疑神疑鬼。各怀鬼胎的人合伙做生意，绝不可能做得长久。

◎ 合作，要有共同的“志向”

巨人集团初创的时候，是由史玉柱和几个朋友合作搞起来的。功夫不负有心人，经过艰苦的劳动，他们终于让自己的产品被消费者初步接受了。计算下来，公司有了大约20多万元的利润。当时几个合伙的好朋友想一人分得几万元，好好享受一下，也算劳有所获。但史玉柱坚决反对，他说：“既然大家选我当经理，那我就要对公司负责。我们公司现在刚起步，现在还不是享受的时候，要看长远发展。”经过史玉柱的耐心劝说，大家接受了他的建议，把这笔钱全投入了广告，结果他们获得了数以百万元的回报。

合作伙伴在一起，要想良好合作，最好有共同的“志向”，即共同的价值观、价值取向。“志”指的是目标和动机，从广义上讲包含了创业者建立公司的动机、目标，以及创业者确定的公司目标、规划等诸多复杂的内容，可以是赚钱、扬名、实现理想……“道”就是实现“志”

的方法、手段，即公司的经营思路和经营策略。艾科卡选人的首要标准就是志同道合，要求部下必须熟知他的领导作风，对他的管理办法坚决贯彻执行。

所以，选择合作伙伴时，志同道合很重要。创办一个企业到底为的是什么？你要明白你的目的。如果你的合伙人只想尽快收回成本并得到最大利润回报，而你的目的却是要做成一个长久性的公司，做成百年老字号，那么，双方的矛盾将不可避免。

◎ 合伙人应重信守约

重信守约是宝贵的商业道德，也是合伙经营中对合伙人的基本要求。

著名企业家李兆基说：“诚信乃创业之本，育人为立国之基，融二者于一体，自能运筹帷幄，决胜千里。经营之道，贵在把握时机，运用市场规律。既要勇搏善战，又需严谋明断；同时还应承担社会道义之责任，古今中外皆然。”

新加坡大华银行主席兼总裁黄祖耀说：“企业成功最重要的因素是：正直。待人正直，必能赢得对方的信任与忠诚。成功的华裔企业家，是建立在长期互利的基础上，而绝非短视及贪图小利。一言九鼎，讲到做到，这等企业家必获商界的尊敬，而商界必助他成功。”

曾经与人合伙创立新世界发展有限公司的香港富豪郑裕彤在总结其创业的经验时，更是以“二十三字箴言”强调诚信的重要性。这“二十三字箴言”是：守信用、重诺言、做事勤恳、处事谨慎、饮水思源、不见利忘义。

在合伙企业中，对合伙人的道德要求非常必要，也非常重要。人上一百，形形色色。我们所接触的人难免泥沙俱下，鱼龙混杂。如果在合伙企业中混入了不具备基本商业道德的人，很可能断送企业的前途。首先，内部的人防不胜防，堡垒是最容易从内部攻破的。契约和制度规定得再详细、考虑得再周密，也免不了有所疏漏，为居心不良者留下可乘之机。其次，合伙人的革除比较困难。在合伙企业建立之后，如果发现了合伙人居心不良，不再愿意与他打交道，就通过让其退伙或散伙的方式解决，而这就会严重危及企业的生存与发展，很可能导致企业从此一蹶不振。

◎ 合伙人最好优势互补

合伙企业就像一架由多个部件组成的机器，各部件之间相互配合、互为补充才能使整台机器正常地运转。一个合伙人组合，如果各自都有各自的优势，而且互补性强的话，不仅能为合伙人自己发挥其优势提供更好的条件，还能产生单个人都不具备的新的力量，而使整体的能力得到加强。

最成功的合伙企业是由才能和背景不相同而能默契配合的人们创办出来的。

闻名遐迩的劳斯莱斯高级轿车的名称实际上是由两位创办者的姓氏合并而成的。在高级轿车的制造上，劳斯与莱斯两人合作无间，使得劳斯莱斯家喻户晓，然而在个性上，两人却有天壤之别。劳斯出身英国贵族世家，从小养成勇敢进取的性格。长大后迷上赛车，不计代价地希望得到天底下性能最优越的赛车。莱斯则是一名实事求是的工程师，在他看来，一部车只要安全就行了。两人的意见虽有分歧，但加在一起造就出的车，却成了爱车人梦寐以求的精品。

总之，理想的合伙人不仅是一个能提供金钱、安全感或其他方面帮助的人，而且更重要的他应该是一个能让你信任、尊敬的人，是一个与你具有共同的发展目标和价值观念的人，是一个能与你的才能、性格及其他方面相互补充的人，而不一定是你最好的朋友或你的亲属。

◎ 选择合伙人要考虑可替代性

几个人合作一起来创业，与单打独斗式的创业比较起来，其优势是十分明显的。但它的麻烦同样显而易见，比如人多嘴杂，各有主张，决策意见难统一。

为了避免这些问题的出现，在挑选合作伙伴时有一个非常重要的技巧，那就是在选择合作伙伴的时候，着重看他的可替代性。

当你在挑选合作伙伴的时候，首先要考虑对方在企业中的位置是否可以替代，或者现在虽然不能替代，但在可预见的将来很容易替代。如果你的这位或这群创业伙伴是很容易替代的，那么，对你来说就是有利的，这意味着你可以将整盘生意始终操控在自己手里；反过来，如果你是被别人挑选来作创业伙伴，那么，你首先要考虑的也是自己在合作关系中的可替代性。如果你是轻易可以被替代的，或者现在虽然不能替代，在将来的某个时间段却是很容易被替代的，这样的创业合伙关系对你来说，就是一种危险的合伙关系。

◎ 合伙人之间矛盾化解技巧

由于合伙人之间认识上的差异、信息沟通上的障碍、态度的相悖以及相互利益的互斥，矛盾冲突在所难免。当破坏性的矛盾冲突发生后，合伙人就应该坐下来，通过协商的办法来解决，但在协商中也应注意一些技巧的运用。

1. 自我批评

合伙人之间的矛盾冲突是由多方面原因引起的，有自己的原因也有对方的原因，还可能有第三者的原因。要顺利地化解矛盾，就应该从自我批评开始。这样，会给对方也造成负疚感，也会坦诚地把自己的错误找出来，不致将矛盾激化。当然，提倡自我批评并不意味着没有原则地迁就对方。从某种意义上说，责己既是手段又是策略。

2. 回避退让

回避不等于逃避，而是为了防止矛盾激化，并在回避中等待解决矛盾的时机。当矛盾或分歧比较严重，并且一下子难以解决时，为了不使矛盾进一步发展，达到激化的程度，应有意识地减少与有矛盾的合伙人接触，能避免正面冲突，使大事化小、小事化了。

3. 求同存异

矛盾冲突的各方，暂时避开某些分歧点，在某些共同点上达成一致，以实现矛盾与冲突的逐渐解除。这是解决合伙人之间矛盾冲突而不影响企业正常运行的最好办法。求大同、存小异，做到大事讲原则、小事讲风格，在枝节问题上不苛求于人，不但可以避免冲突的发生，而且还能调解或解除现有的矛盾冲突。

4. 模糊处理

在特定的条件下，对于一些无原则性的矛盾冲突，可采取模糊处理的办法。模糊处理，不是不问青红皂白，而是冲突本身无法分清谁是谁非。冲突双方均无事生非，毫无道理，倘若硬要分个是非分明，反而会助长对立，激化矛盾。可以说，模糊处理法是处理无原则的冲突的最好方法。

20 成功创业必须依靠九种人

◎ 要依靠有市场开拓能力的人

有市场开拓能力的人口才好，很专注于工作，但从不参与任何纷争、口角或派系的明争暗斗。

有市场开拓能力的人会以最佳的精神状态工作，他们的精神能改变周围的一切。在他们的影响下，整个公司都会变得积极上进，业绩稳步上行。

这种人不计较个人得失，任劳任怨，总是为公司谋取最高的利益，他们以非凡的勇气去感染每一个员工，以不达目的决不罢休的气势，去稳定彷徨不定的军心。

如何找到具有市场开拓能力的人？

1. 看一个人是否具有自信、勇敢进取的性格，是否能够独立完成工作任务。

2. 观察一个人在处理棘手问题时的方法，就可以了解他是否是你要找的人。

3. 看一个人敢不敢突破已有的条条框框，以自己的方式完美地完成你交给他的任务。

这种人一般不拘小节，具有创新能力，经常会有好的创意。创意是想出新点子，创新则要将这些点子用到现实中，创意则富有想象力，令人兴奋并充满乐趣。

◎ 要依靠有迅速执行能力的人

要想成功，必须依靠有执行能力的人。有执行能力的人说得到，也做得到。他们敢立军令状，并且能很快地出色地去执行。这种人在得到一个命令之后，就会毫不拖延地去做，就像军人一样去服从和执行！他们认为上司的安排自然有其道理。

这种人一般会在有效的时间内完成要做的事，而且会很出色地完成。

如何找到有迅速执行能力的人？

为了确定一名应聘者是否能成为一名执行高手，可在雇用他之前向其询问如下问题：

“你愿不愿意做？”

“你会不会坚持到底把事情做完？”

“你能不能独当一面？”

“你是否是光说不做、有始无终的那种人？”

当他的回答大致符合你的心意时，你就可以决定是否雇佣他。

判断一个员工是否是有迅速执行能力的人，还应注意：

1. 看其是否能够把握自己的工作目标。

2. 看其是否能针对目标积极地采取行动。

3. 看其是否能对所掌握的结果及时进行反馈。

4. 看其能否在尚未达到目的的情况下及时调整行动策略。

◎ 要依靠有团队领导能力的人

有团队领导能力的人，什么时候都不失去民心。他们懂得抓大放小，知人善任。这种人也许在技术上没有专长，但是善于协调管理，他们会管好该管的事，放下不该管的事。不像有的人两眼一睁，自己忙到熄灯，别人落得轻松。

有团队领导能力的人必定懂得授权。授权有的人能授好，有的人却不能。一个关键的问题就在于授权者的态度。比较正确的态度应当包括以下四个方面的内容：

1. 要看重员工的长处。
2. 授工作也要授权力，要明白职责权的不可分离性。
3. 不要交代琐碎的事情，只要把工作目标讲明白就可以了。
4. 对员工不应放任自流，要给以适当的指导。

如何寻找有团队领导能力的人？

1. 这种人会提出有见解性的意见，忽略微不足道的小缺点。
2. 他们会培养自己的业务骨干。
3. 他们更看重的是有没有从过程中学习到有用的东西。
4. 他们一般有自己的用人哲学。
5. 他们对下属格外注重细节管理。
6. 他们不会摆出威严的架势，和下属的关系比较融洽。
7. 他们比较善于言谈，绝对不是一个“闷葫芦”。

◎ 要依靠有出谋献策能力的人

成功需要依靠有出谋划策能力的人，就是选择一些能为自己决策当参谋、出主意的人。

但是有一种人，无论对谁的梦想都会大肆批评，认为天下所有人的智商都不及他。其实他根本不了解你想做什么，只是一味认为你的构想一文不值，注定失败，连试都不用试。这种人为了夸大自己的能力，不断把别人打入地狱。要是碰上这种人，别再浪费你宝贵的时间和精力，苦苦向他解释你的理想一定办得到。还是去寻找能够与你一同分享梦想的人吧！

如何找到有出谋划策能力的人？

1. 这种人事业心强，有成就感，乐于以出谋划策为业，能全力以赴地履行自己的职责。

2. 这种人知识面广，有丰富的专业知识、科学文化知识和较高的政策水平。

3. 这种人头脑敏锐，思想解放，敢于想别人不敢想的问题，有较强的创新精神，有主见。

4. 这种人综合推理、分析、判断能力强，善于从多方面考虑问题，善于认识复杂事物，有缜密的思维能力和较强的调查研究能力。

5. 这种人正直诚实，敢于提出不同的看法和意见。

6. 这种人有良好的文字写作能力和口头表达能力。

7. 这种人谦虚谨慎，实事求是。

◎ 要依靠有信息处理能力的人

“速度是上帝，时间是魔鬼”，“信息炸弹”给人们带来了无穷的机会。在当今社会，谁获取的有效信息最多，谁就是这个社会的领导者。每一条信息都为你开启一扇机会之门，使你通向成功。谁最先占有信息，谁就可能占据主动，成为赢家。在信息战争中讲求的是速度与敏锐的眼光，被延迟的信息可能使你错失许多机会。总之，成功总是与提供了微弱的信息的机会相伴随的。

20世纪的美国人有一句谚语：“通往失败的路上，处处是错失了的机会。坐待幸运从前门进来的人，往往忽略了从后窗进入的机会。”可见，能否把握生活所提供的信息，会带来不同的命运。所以，要想成功创业，就需要有信息处理能力的人做帮手。

如何找到有信息处理能力的人呢？

1. 信息的搜集需要有很好的洞察力，看你找的人对信息的嗅觉的灵敏程度及对信息用途的思维精度高低。

2. 看你找的人是否能从众多信息中分析，判断有效地整合出最佳信息获得的途径和方法。

◎ 要依靠有公关谈判能力的人

公关谈判指双方或数方组织就一项涉及到各方利益的问题，利用协商的手段，经反复调整各自的目标，在满足己方的利益下取得一致的过程。公关谈判已成为组织与组织、组织与公众之间沟通、谅解和合作的桥梁和纽带，是协调关系的基本手段。

谈判是当事人各方就共同关心的问题，通过相互磋商、洽谈来消除分歧，寻求共识和达成协议的过程。

公关谈判是一种特殊的谈判，它的目的是协调而不是压倒对方。它要求公关人员既要坚持自己的观点和原则，又不树敌，令双方满意。

如何寻找有公关谈判能力的人？这种人一般会做好以下各种工作：

1. 谈判前的准备工作，尤其是有关资料的搜集、背景情况的调查、对自身实力和对方实力的评估。

2. 要善于调节或缓和气氛，使谈判重新步入正轨，特别是当谈判陷入僵局、濒于破裂时。

3. 在谈判过程中，要认真倾听各方的意见，了解对方的确切意图或发现问题，及时为己方的主谈者出谋策划等。

◎ 要依靠有埋头苦干精神的人

假如把智慧和勤奋看作金子那样珍贵，那么，比金子还珍贵的就是忠诚。对公司忠诚就是对自己的事业忠诚。很多老板用人不仅看能力，更重品德，而品德之中最为核心的又是忠诚度。那些既忠诚又能干的人往往是老板们梦寐以求的得力干将。因为，老板的成就感、自信心，还有公司的凝聚力在很大程度上来源于员工的忠诚度。

在公司的经营运作中，要用大智慧来做决策的大事毕竟很少，而要人脚踏实地地去行动落实的小事却很多，少数人的成功靠的是智慧和勤奋，而绝大多数人靠的是忠诚和勤奋。

有埋头苦干精神的人一般不会找借口推卸责任，他们信奉工作无大小。他们就是劳模的典范，找到这样的人并不难，他们有两种显著的特质：一是忠诚，二是敬业。

◎ 要依靠能缩短奋斗时间的人

贵人就是缩短你奋斗时间的那个人。在你付出了努力之后，机遇的来临往往是在贵人向你伸手的一刹那。所以，贵人是我们不能忽视的积极力量，而要想在关键时刻得贵人相助，就必须在平时主动培植贵人。

1. 慧眼识别真贵人

贵人的身上并没有什么特殊的标志，这就需要你独具慧眼去寻找、发现。比如到了一个新环境，不妨留心哪些人可能是你的贵人，然后主动亲近他们，与他们保持联络，让他们对你有深刻的印象。

2. 发掘潜在贵人

说到贵人，大家第一想到的就是那些有权有钱的大人物，而对于那些不起眼的小人物却不以为意。如果你能谦逊恭敬地对待每一个人，完全不以对方的身份不起眼而予以轻视，那么你永远都不乏助你人生起飞的贵人。

◎ 要依靠有发展坐标作用的人

竞争者是你发展的坐标。竞争是位导师，他能教会你经商的全部诀窍。

以竞争对手为目标，你所要找的目标一定要在所取得的成就或能力方面都比你强。他要“跑”在你前面，但也不能跑得太远，因为太远了你不一定追得上，就算能追上，也要花很长的时间和很多的力气，这会让你跑得很辛苦，而且挫折太多。

找到“对手”之后，你要进行综合分析，看他的本领到底在哪里？他的成就是怎么得来的？平常他做事的方法，包括人际关系的建立、个人能力的提高等，都要有所了解。研究之后你可以学习他的方法，也可以通过自己的方法下功夫，相信很快就会取得成效。慢慢地你就和他并驾齐驱，然后超越他！

等超越现在的“对手”后，你可以再跟住另一个“对手”，并且再超越。如此不断，你一定能领先他人。即使拿不到冠军，也不至于被很多人甩下。

21
鼓舞士气：想方设法让员工跑起来

◎ 奖励能使人充满热情

马戏表演有个传统节目叫“小狗做算术”。每次当教练员举起一个数字的牌子时，小狗就能准确地叫出几声。这时，教练员就会从口袋中掏出一粒糖塞到小狗嘴里，以示赞赏和鼓励，小狗也高兴地摇摇尾巴。下一次教练员再让它算时，也总能答对。

另一个马戏表演——大狗熊骑自行车也是这样。每骑一段教练就往狗熊嘴里塞两粒糖。有一次有位教练员的糖不够了，只往它嘴里塞了一粒，那只大狗熊马上从自行车上下来，一屁股坐在地板上不起来了，把教练员急得不行。

上面的两个例子说明：动物，也包括人类自己，有一种天性就是会去做可以受到奖励的事情。

领导的精髓确实就是这样一条最简单明白不过却往往被人遗忘的道

理：你想要什么，就该奖励别人做什么。

◎ 做一些令人感动的事情

赞扬员工是一种不花或较少花费成本的激励方法，如果用得妙，则会产生意想不到的效果。

亨特是某公司的青年骨干，就在他结婚那天，公司的领导都来了。婚礼会场简直就像是公司的一个喜庆集会。总经理代表公司全体同仁对两位新人说道：“青年是我们公司的希望，公司为这样的员工感到骄傲，祝福你们！公司的美好未来就寄托在你们身上。祝你们幸福美满，白头偕老！”听了领导的一席话，在场的每一位同事都和这对新人一样，心里热乎乎的。

在非正式场合表扬员工，可以缩短彼此的距离，更易于表达感情和看法，有着许多在正式场合表扬所不具备的好处。它不但能激励人、鼓舞人，而且能以积极的暗示点拨人。但要注意，在采用表扬奖励方法时，要特别关注在场人员的心理变化，千万不要给人留下相反的暗示印象。

除了在非正式场合表扬员工外，奖励旅游同样可以让优秀员工心中甜蜜蜜，以后甘心继续为公司卖力。就算是选择在很近的地方举办奖励旅游，只要有创意和用心，不必花太多的钱，也能让员工感动。

◎ 价值标准通过奖惩实施

在企业的办公室和车间里，常常可以看到这样一些员工，他们往往提前半小时上班，而过了下班时间，他们看上去还在那里工作。领导看到这种情况真是喜上眉梢，因此，一有机会，就会优先提拔这些员工。可是如果仔细观察一下，就会发现这些员工在上班的时候可能并不是紧张地工作。当领导不在的时候，看报，聊天，甚至干私活。一旦领导出现，他们立即看上去在一本正经地工作。领导这时只看到了那些仍然在岗位上工作的人，就对已经走的人心生不满，当然也就更谈不上奖励他们了。这种现象应当引起领导的深思。

一位专家说过："如果你不能在八小时工作时间内完成你的工作，那么不是你被分配太多的工作，就是你的能力不够。"

作为一个领导者，不论是古代的君王、官吏，还是今天的总裁、经理，你奖励什么，惩罚什么，无疑就是向人昭示你的价值标准。你的下属、员工，或者认同你的价值标准，努力做你希望他做的事，成为你所希望他成为的那种人；或者不接受你的价值标准，离开你的企业；或者就是阳奉阴违，投机取巧。

作为一个领导者，建立自己正确的即符合企业、组织根本利益的，明确的即不是模棱两可、摇摆不定的价值标准，并通过奖罚手段的具体实施，明白无误地表现出来，应该是其工作的头等大事。

◎ 年终奖是一种有效的沟通方式

公司年终发红包是令员工十分盼望和欣喜的事情，而发红包实际上也是领导趁机与员工沟通交流的途径。

年终红包代表领导对员工一年工作的认可；另外，年终红包也代表一种激励，但作用有限，因为员工拿到奖金，通常一个月后就忘了。所以领导学上不把薪资或奖金当作激励的手段，只是作为激励的强化手段。

假如只是发奖金而不做沟通，激励强化也无法完成。因为有的员工拿到奖金后，不晓得自己为何拿到这些奖金。他可能觉得拿到的奖金很多，是领导认可自己的年度表现，但他可能不知道，在员工中他拿的是最少的。还有例如领导给一位副总两万元的年终奖，这大约是副总一个月的薪资，但副总却觉得自己做得那么辛苦，却只拿到这点儿奖金。因此，沟通很重要，要让员工知其然，也知其所以然。奖金多少是一回事，让员工知道为何拿这些钱更重要。

薪酬管理有一个重要的原则：薪酬就是沟通。如果员工不知道为何拿钱，自然对员工起不到激励作用。

年终奖金在业绩领导中，处于承上启下的位置：

第一，与员工沟通公司的战略方向，让员工了解公司的目标，这对于高层领导特别重要。

第二，将公司总体目标向下分解，帮助各部门和员工明确具体业绩目标。

第三，通过业绩考核与资质评估，为员工提供业绩结果与行为方面的反馈。

老板应以薪酬手段，包括年终奖金，强化员工的业绩行为，继而达成公司总体目标。

◎ 建立一种公平的奖励机制

现在提倡精神奖励比较多，但在任何时候，领导者都不要忽视物质奖励，物质奖励是所有奖励的基础。领导者要激励员工就必须适时地对员工进行物质奖励。

1. 应该对完成了既定目标的员工进行奖励

马戏团里的海豚每完成一个动作，就会获得一份自己喜欢的食物。这是驯兽员训练动物的诀窍所在。人也一样，如果员工因完成某个目标而受到奖励，他在今后就会更加努力地重复这种行为。这种做法叫行为强化。对于一名长期迟到30分钟以上的员工，如果这次他只迟到20分钟，领导者就应当对此进行赞赏，以强化他的进步行为。优秀的领导者应当想办法增加奖励的透明度，比如把员工每月的工资、资金等张榜公布，或者对受嘉奖的员工进行公示。这样往往能够激励员工。

2. 要针对不同的员工进行不同的奖励

人的需求包括生理需求、安全需求、社会需求和自我实现需求等若干层次。当一种需求得到满足之后，员工就会转向其他需求。每个员工的需求各不相同，对某个人有效的奖励措施可能对其他人就没有效果，所以领导者应当针对员工的差异对他们进行个别化的奖励。比如，有的员工可能希望得到更高的工资，另一些人也许并不在乎工资而希望得到业绩奖金，因此领导者必须首先弄清楚员工到底需要什么层次的物质奖励。

3. 奖励机制一定要公平

员工不是在真空中进行工作，他们总是在不断进行比较。不公平会让他们丧失工作的信心和积极性。因此，领导者在设计薪酬体系的时候，员工的经验、能力、努力程度等应当获得公平的评价。只有公平的奖励机制才能激发员工的工作热情。

◎ 用目标去激发下属的斗志

一名长跑运动员，当人们告诉他只剩1000米就到终点了，再加把劲就可夺得金牌时，即使他身体的某些部位在疼痛，他也会信心百倍，加快速度完成最后的冲刺。

那么，领导者如何通过目标激励下属完成任务呢？

目标是能激发和满足人的需要的外在物。目标领导是领导工作最主要的内容，目标激励是实施目标领导的重要手段。设置适当的目标，能激发人的主动性，调动人的积极性。目标既可以是外在的实体对象，也可以是内在的精神对象。

一般来讲，目标的价值越大，社会意义就越大，也就越能令人激动，激励作用也就越强。

因此，领导者要善于设置正确、恰当的总目标和若干个阶段性目标，以激发人的积极性。设置总目标，可使下级感到工作有方向，但达到总目标是一个长期、复杂甚至曲折的过程，如果仅仅有总目标，只会使人感到目标遥远和渺茫，可望而不可即，从而影响积极性的充分发挥。因此，还要设置若干恰当的阶段性目标，采取“大目标，小步子”的办法，把总目标分解为若干经过努力都可实现的阶段性目标，通过逐个实现这些阶段性目标而达到总目标的实现，这才有利于激发人们的积极性。领导者要善于把近景目标和长远目标结合起来，持续地调动下属的积极性，并把这种积极性维持在较高的水平上。

在目标制定、分解时，目标的难度以中等为宜，目标的难度太大，容易使员工失去信心；目标难度过小，又激发不出员工应有的干劲。只有“跳一跳，够得着”的目标，才能最大限度地调动员工的积极性，因为这样的目标满足个人需求的价值最大。

◎ 用好胜心激发下属的潜能

艾尔·史密斯曾任美国纽约州州长，他曾经成功地利用人的好胜心办成了一件很棘手的事。

一次，史密斯需要一位强有力的铁腕人物去领导魔鬼岛以西最臭名昭著的辛辛监狱，那里缺一名看守长。这可是件棘手的事。

经过几番斟酌，史密斯选定了新汉普顿的刘易斯·劳斯。

“去领导辛辛监狱怎么样？”史密斯轻松地问被召见的劳斯，“那里需要一个有经验的人去做看守长。”

劳斯大吃一惊，他知道这项任务的艰巨。他不得不考虑自己的前途，考虑这是否值得冒险。

史密斯见他犹豫不决，便往椅背上一靠笑道：“害怕了？年轻人，我不怪你，这本就是个困难的岗位，它需要一个重要人物来挑起担子干下去！”

这句话挑起了劳斯的好胜心，他最终接受了挑战，并在辛辛监狱待了下去。后来，劳斯对监狱进行了改革，帮助罪犯重新做人，成了当时最负盛名的看守长。

这奇迹本身也可说是史密斯巧妙利用了好胜心，激发下属的潜能而间接创造的。

一位成功的领导应善于使用好胜心，因为这确实是振奋人们精神，使其接受挑战的可靠办法。

好胜与挑战是人的天性。对于许多工作，只要你善于激励员工，他们一定会以最大的热情去干，并干好这些工作。

一个成功的领导，应当经常“制怒”，不论什么时候都要保持冷静的头脑，不让一时冲动的感情扰乱理智。但从激励角度来说，领导者又应当学会“激怒”，随时点燃员工的“心头之火”，使自己的团队有高昂的斗志和良好的战斗力。

◎ 相同的追求可使人热情高涨

许多岗位要求从业人员具有一定的资格、技术、能力等，你如果想吸收并留住这些岗位的专业人员，就要表示对他们的尊重。这种尊重和赞赏会有所回报。如果轻视他们，你就会“迫使”一些重要员工转而寻求其他认同他们职业特征的岗位。

树立员工专业声望的方法有：在公司的各项宣传中标明头衔；使员工的个人名片予以充分显示；鼓励员工参加各项同业活动及继续教育；为员工专业知识的使用提供工作舞台。

任何一项业务都有孕育、成长、成熟、衰落的生命周期。因此，持续成长的企业应该是这样一种景象：守卫、拓展核心业务，同时还要不断建立新业务以及创造有生命力的候选业务。这既是企业持续成长、永续经营的必然要求，同时又能给公司的那些关键人才提供新的创业机会，保证他们持续的创业激情。

总之，要让员工的个人进步融入企业的长远规划之中；让企业的发展为员工提供更大的空间和舞台；让员工的进步推动企业的更大发展；让员工在企业有自己明确的奋斗目标，感到自己在企业里有奔头、有价值，愿意在企业里长期干下去。

◎ 融洽的组织气氛可以提升士气

融洽、和谐的工作环境可以使员工全身心地投入工作，并充分发挥潜能，同时这也是营造高效型团队的必要条件。相反，如果员工士气低落，员工与员工之间、员工与主管之间存在隔阂，工作在剧烈摩擦阻碍下进行，其结果必然导致整个团队处于消极状态，业绩大打折扣。

作为领导者，驾驭团队运作必须关注组织气氛，从小事做起，从自己做起。可以抽出一些宝贵时间，开个民主生活会，促进彼此沟通；用典型事例激励一下员工；写一篇文章，勾画团队美好的未来……团队的威力在于每个人力量的尽数发挥，并叠加在一起形成“共振”效果。作为主管领导，要最大可能地引导这种“共振”效果的产出。假如领导者经常把好建议抛在一边，久而久之员工的积极性就衰减殆尽。主管是组织氛围的主要营造者，组织氛围建设在很大的程度上取决于主管的领导作风，主管要高度重视组织氛围建设，把它纳入团队的工作计划，营造一个良好的组织氛围，这不仅有利于提高员工的工作积极性和稳定性，促进部门工作绩效的提高，还能为推行各项领导工作提供保障。

对领导心悦诚服的员工才是忠诚的员工，忠诚的员工才能服从领导的管理，才能主动自发地做好各项工作，才能为企业创造最大的价值。

22
胸怀修炼：当老板要有海纳百川的心

◎ 要能欣赏别人的个性和特点

宽容首先表现在对人的个性的接纳，允许别人有与自己不同的性格、爱好和需求，不要求别人和自己一样，不对别人吹毛求疵。老板要有一种宽容的心胸，有能欣赏别人特点的能力。

在一个领导集体里，每个人的个性都是不一样的。在性格上，可能有内向和外向之分，在气质上、在能力上也各有各自的特长和不足。因此，有人做事可能果敢、利索，性格刚烈，办事效率高，但无韧性。有人做事可能周到细致，性格柔韧，但办事效率不高。如果能看到彼此的特点，在领导工作中互相配合，就能弥补各自缺欠，既把事情做好，又能和下属搞好关系，使领导集体显得充满活力。性格错落有致，能力可以互补，会让人对领导集体有一种配合默契的感觉，对领导的风格都有一种欣赏心理。因为良好的配合弱化了每个人的缺点，突出了个体的优点，领导集体的感召力会大大增强。

因此，老板有宽容和兼容的精神，就会使所属群体中每个人的个性得到充分发挥而又不影响集体的发展。就像一个好的园丁，在他的花园里会有百花齐放、争奇斗艳的风景。人们在光顾这里时，有一种赏心悦目的感受，对园丁的管理技术充满敬意，因为他既培育出了万紫千红的景观，又使每一处景致合理地发展，不让某一个体破坏整体的景象。

如果老板不理解他人的个性，不能容纳他人的特点和要求，便会使人与人之间的关系变得不融洽，甚至出现裂痕，带来严重的后果。

◎ 要时刻保持自己的风度

老板在面对追随者的弱点时，应以委婉的态度处理，不应采取粗暴、强硬的手段。老板应时刻保持自己的风度。

一个企业的老板，在辞退一个下属时，应该记住，辞退下属并不是一件很有趣的事，被辞退更是没趣。但有些人已经把这种事演变成一种习俗，希望能尽可能快地把这件事处理掉，通常是依照下列方式进行："请坐，先生，这一季已经过去了，我们似乎再也没有更多的工作交给你处理。当然，毕竟你也明白，你只是在我们最忙的时候招来帮忙而已……"这些话为对方带来失望以及受抛弃的感觉。他们之中的大多数一生都从事相类似的工作，对于这么快就抛弃他们的公司，当然不会怀有特别的爱心，甚至会充满恨意，在离职后可能成为原公司的心腹大患。

有涵养的老板应该考虑用稍微圆滑和体谅的方式来遣散公司里的多余人员，比如在仔细考虑将被遣散的每个人在上一季度里的工作表现之后，把他们叫进办公室来对他讲："先生，你的工作表现很好，那次我们和公司的合作真是一项很艰苦的任务。你遇到了一些困难，但处理得很妥当，但是……（说说公司不得不裁人的困难）我们希望你知道，公司以你为荣，你对这一行业懂得很多，不管你到哪里工作，都会有很光明远大的前途。公司对你有信心，支持你。我们希望你不要忘记。”

结果呢？显然这些员工走后对于自己被辞退的感觉会好很多。他们不会觉得受抛弃。他们知道，如果公司有工作给他们的话，公司会把他们留下来。而当公司再度需要他们时，他们将带着深厚的感情，再来投效。

一个有涵养的老板应该风度翩翩地去处理下属的弱点，而不是动辄便以“杀一儆百”来确立威信。即使老板是对的，员工绝对是错的，老板也会因让员工丢尽了脸而毁了员工的自尊。法国一位作家对此给了最准确的诠释：“我们没有权利去做或说任何事以贬抑一个人的自尊。重要的并不是我觉得他怎么样，而是他觉得他自己如何，伤害他人的自尊是一种罪行。”

◎ 老板要懂“糊涂学”

为人处世，是精明一点好，还是糊涂一点好，各人有各人不同的答案。生意人精明很重要，但是适当的时候也要用点“糊涂学”，当然这种糊涂并不是真的糊涂，而是希望老板学会一点大智若愚的技巧，避免一些弄巧成拙的尴尬。

所谓老板的“糊涂学”是关于老板一生的智慧，这包括了知、情、意三个方面的综合体现：

在“知”的方面，糊涂就是承认人的认识的局限性，不过分依赖和卖弄自己的智慧。勿恃小智，勿弄奇巧，息竞争心。它包含了大智若愚，藏巧于拙，顺手自然，无为而治，谨言慎行，因势利导，精益求精，善于其技，虚心纳谏，博采众长，居安思危，留有余地等范畴。

在“情”的方面，就是安贫乐道，隐忍退让，息贪婪欲。它包含安守本分，勿事事强求，淡泊名利，宁静致远，乐天知命，等等。

在“意”的方面，就是淡泊明志，立身端方，守清正节。它包含荣辱不惊，功成不属；严于律己，宽以待人；刚正不阿，洁身自好，等等。

当然，糊涂的范畴很广，有待作为老板的你慢慢去理解与体验。

◎ 不能容人，就难以留住人才

一般人工作追求的就是一个好的环境，如果领导不能容人之过，对人存在偏见，必然造成上下级合作的不愉快。而且由于领导的原因，自己迟迟得不到任用，这样发展下去前途渺茫，下属就会顿起离开之念头。“此处不留爷，自有留爷处”，现实中人员跳槽已是极普遍的事。在国外，利伯容忍了欧文斯的故事成为企业界传诵的佳话。

利伯是一个玻璃制造商，一次厂里的工人在欧文斯等人的鼓动下发动了一次罢工。这次罢工使利伯损失惨重，被迫做出迁厂的决定。迁厂时利伯带走了大批工人，其中就包括欧文斯。利伯发现欧文斯是一个难得的人才，于是就抛弃前嫌，重用欧文斯，三个月后他的改革建议也被采纳。1898年利伯让他试验一种生产玻璃的机器，欧文斯经过努力于1903年获得成功，实现了自动生产。随后，利伯还大胆地拨出400万美元作欧文斯20年的研究之用，在欧文斯的努力下公司又改进了平板玻璃的制造方法。

利伯的成功在于能够不计前嫌，重用有才之人。面对利伯一步一步的重用，欧文斯为自己曾经对利伯的伤害感到内疚，为报知遇之恩，就更加努力地工作。利伯因为容欧文斯之过而成功，可见能容人是多么重要。

之所以说有容乃大，是因为容人之过太难，在以后的接触中不抱偏见也更难。但领导若是过好了这一关，离成功就不远了。

◎ 改变观念才能合得来

领导人员对某个下属有了合不来、格格不入的感觉时，对方一定对领导人员也有类似的感觉，这是不容置疑的事实。就老板的立场而言，一般说来，由于年龄都比下属大，应该主动与这种下属接近。这种努力，应该有意识地去做才对。

世上绝不可能人人都与你投缘，你也必须与不投缘、合不来的人共事、打交道。

因此，对此类下属，你必须有这样的观念：“好像与他合不来，但是，就为了这个缘故，我才有了与这种人打交道的修炼机会，在为人处世的经验来说，这不是极珍贵的机会吗？”

如此把观念做一百八十度的扭转，你对这个下属就不复再有任何偏见，也等于冲破了你自己的“壳”，向另一种可能性挑战，意义之大，非同寻常。

仔细分析，不难发现，领导能容人之过才能用好人、留住人，而下属由于领导不计前嫌，自然不会生活在被责备的压力之中。“君让我一尺，我让君一丈”，下属为回报领导，就会更加努力地工作。

◎ 要做到与下属同甘共苦

下属与老板一起共事，或许目的各异，有的为挣钱，有的为求发展，不一而足，但大家一般都有一个共同的思想，就是要把事情办好，这样对每个人都有好处。

老板要统御下属，除了规章制度的制约、权力的运用之外，就是要紧紧抓住下属的心，让他们尊重你、佩服你。而要做到这一点，关键是要让下属感到你就在他们的身边，时时刻刻与他们的心在一起。

一些老板在下属中口碑很好，其主要原因之一就是能与下属打成一片，与他们同甘共苦。

日本本田在日本汽车业中排名第三，而且在国外市场上是后起之秀，直追丰田。该公司前总裁本田宗一郎就是一位与下属同甘共苦的好老板。他不摆架子，经常穿着工作服在工厂食堂里吃饭。他作风平易近人，与下属没有隔阂，大家都礼貌地尊称他为“老爹”。正是总裁的这一作风影响着全公司员工的士气。他有33400多名员工，每年创造52亿多美元的收入。据统计，在世界的摩托车中，每4辆就有一辆是本田产的。公司的业绩来自所有员工的努力，但总裁的功劳则是不可磨灭的。

这说明，要征服自己的下属就应该与他们同呼吸共命运。

在困难的时刻，老板也跟下属们一起吃苦，这样就能拉近上下级间的距离，下属感到老板是那么亲近，而老板则会更深一步体察到下属的难处。其实，在多数下属看来，工资待遇这些都不是最重要的，关键是老板能够关心他们、理解他们。与下属一同吃苦，这便是最好的理解。

与下属同苦，还应共甘，切不可兔死狗烹、过河拆桥。成功是大家共同努力的结果，有老板的一半也有下属的一半。老板最好与下属共同分享成果，而有的老板偏偏私心太重，在困难的时候对下属真是百般拉拢，但一旦情况变了，老板也变了，把大部分的利益都纳入自己名下，而留给下属一丁点儿。这样下去，当老板重陷困境的时候，下属就不会与他一起渡难关了。

◎ 要明白助人等于助己

老板与下属在工作中是一种上级与下级、领导与被领导的关系，但在实际生活中却是平等的，因为除了工作关系之外，人都变成了普通的人。人与人之间希望能互助和谐，因为人在世上不可能不需要别人的帮助。有人总是向往别人能给予自己帮助，但自己却付出甚少；有人抱着一颗利他人之心，时时处处帮助别人，最后在危急时刻，温暖的慰藉、无私的援手如雪花般纷至沓来，真是无心插柳柳成荫。

有句话是：“予人方便，予己方便。”那么借用一下就是，给他人以帮助，到时人家自然就会帮助你，即助人等于助己。

现在有句时髦的词叫“感情存储”。帮助他人如同把一笔钱存入了银行，最终是会有回报的。一个人不可能没有难处，做老板的也是。如果平时没有一颗爱人之心，给别人以帮助，别人也不会帮助你。老板要想在关键时刻得到下属的帮助，平时就应关心下属，时时刻刻地为他们解决工作、生活方面的难题。

有位领导这样说起自己的成功经验：他和自己的下属同住在一幢职工楼里。刚进单位的时候，下属和自己的前任关系很僵。于是，这位领导一开始便注意从生活中的小事做起，关心下属，给予他们切实的帮助。经过一段时间，下属都感到领导是一个好心人，于是更加努力工作。例如这位领导说："这个月有重要任务，需要加把劲才能完成啊？"下属们就笑着说："老总，我们都知道了，有大伙儿在，没问题。"真的，没多久，工作任务就完成了，真是人心的力量大。

老板如能真心帮助下属，便会使下属感恩戴德，危难时就是赴汤蹈火也在所不辞。

◎ 帮助员工建立安全感

找出员工的弱点，帮助他们除去弱点，员工将对你言听计从。

大多数人都没有安全感。一个著名的心理学家指出："大公司75%的员工，其中包括许多总裁与副总裁都没有安全感……由一群没有安全感的员工组成的公司多不胜数。"

你的员工没有安全感吗？如果答案是肯定的，你有大好的激励时机。你不仅可以满足员工的需要，也可以提高组织的绩效。

没有安全感的人会对别人对他的看法十分在意。你应该对他说："你做得好极了，你的表现愈来愈好。"

没有安全感的人担忧做错事或被炒鱿鱼。你应该对他说："真幸运，有你为我们工作。没有你帮忙，我真不知道怎么办。"

没有安全感的人对工作缺乏信心。你可以帮助他逐渐提高工作水准，让他在新工作领域内成功，以增强他的信心。

帮助没有安全感的人建立安全感，可使他依赖你，但过度依赖会造成反效果。如果被激励者事事依赖，将使你不堪重负。

如果被激励者永远依赖你，他就永远不会成为自立的人。

依赖别人并不能使人变得坚强、独立，但这往往是帮助没有安全感的人的唯一起点。正确的做法是：帮助被激励者建立安全感，然后逐渐帮助他自立。这样，你的组织就会充满能力强而自立的员工。

◎ 学会求下属帮忙

老板大多是命令下属该如何如何去做，而绝少谈一个帮字，其实，这小小的一个“帮”字却是大有名堂的。

老板与下属是上下级的关系，命令下属是很平常的事，但若老板在吩咐去办事的时候说“帮我去做”，这样上下级的关系一下子就拉近了，下属心里多半会这样想：“客气什么，我办就是了。”这样下属就很乐意去办事，因为他从中感到了一点平等。既然老板说了“帮”，就说明老板没有摆架子，而是把下属当作一个平等的人来看待。

在吩咐下属做工作中的事时可以说“帮帮忙”，这样给人一种平等感。有时候，老板如果有一些工作之外或是工作之中没时间去做的，而且比较重要的事，也可以求下属帮助。比如老板的老母亲要从国外回来，自己工作太忙而抽不开时间去接，可以把下属叫来，让他帮忙去接一下。这样就给人一种既敬业又孝顺的形象，老板在下属心中的地位自然提高。从下属方面来看，老板连这些事都托我去做，说明老板是把我当自己人，还十分器重我，想到这些，下属心中当然是十分的高兴，工作起来也就更有信心。

老板要想很好地统御下属，就应把自己的善意传达给每一个下属，让他们的心属于你。求下属帮忙不失为一种传达善意的好办法，但在这个问题上必须有所注意：一是自己能做的日常琐事最好不要让下属帮助；二是尽量让下属从做事中得到收益，他们才会不厌其烦地做下去。

第六章

chapter 6

记住，你的顾客不会自动来找你

创业期的市场营销

23 收集市场情报

◎ 迅速把握市场信息

美国佛罗里达州有个犹太小商人，注意到家务繁重的母亲们常常临时急急忙忙上街为婴儿购买纸尿片，于是灵机一动，想到要创办一个“打电话送尿片”公司。

送货上门本不是什么新鲜事，但送尿片则没有商店愿意做，因为本小利微。

这个小商人又再灵机一动，他雇佣全美国最廉价的劳动力——在校大学生，让他们使用的是最廉价的交通工具——自行车。他又把送尿片服务扩展为兼送婴儿药物、玩具和各种婴儿用品、食品，随叫随送，只收15%的服务费。

之后，他的生意越做越兴旺。

信息满天下，专寻有心人。一条有价值的信息，一个准确的情报，会使一大笔生意成功。

犹太商人认为，如果得到加工某种产品很有市场销路的信息，就要快速实施，做到以下“四快”：

1. 快速设计

有销路的新产品，按照其规格、质量、牌子进行设计，且设计的时间不能拖得太久，以免耽误时间，影响快速投产。

2. 快速筹资

设计完成后，要尽快筹集资金。凡是搞一个经营项目，没有一定的资金投入，问题就不好解决。而筹集资金并不是一件容易的事，应该把需要数量、筹集渠道弄通，一定要资金齐备，不误时机。

3. 尽快投产

只要生产或经营条件具备了，就要在保证质量的前提下，以最快速度把产品生产出来，把商品调运起来，完成商品上市销售前的所有程序。

4. 销售要快

俗话说：“行情是六月的天，疯狗的脸，说变就变。”当你把产品生产出来，把商品运输回来之后，一定要趁着行情好的时机，赶快销掉脱手，将产品变成货币。

◎ 善于捕捉与利用信息

掌握及时的、灵通的市场信息，为市场营销的决策提供决策的方向、目标和依据，能够对判定科学的决策起着决定作用。

苏北有一家规模不大的百货商场，在1988年春节后从全国大型电扇公司进了大量的电风扇。当时店里的人很不理解，觉得原本资金就不多，这一下又把资金压在了“冷货”上，此举实在不明智。然而，一进入夏季，气温一天比一天高，多年不遇的难熬暑热使人们涌进大小商店，电风扇成了抢手货。这家商场有备无患，一下子猛销出近万台，一举得到十几万元的利润。原来，这个商场营销经理平时注意收集信息，尤其是天气预报。他了解到那天夏天将有多年不遇的高温天气，从而分析预测出电风扇将会畅销，于是下定决心，做了这笔成功的买卖。

生产领域应用市场信息，是用它来指导生产方向、生产目标，以及生产领域的经营管理。例如，某生产者在一定时期里，要生产什么产品，开发什么新产品，淘汰什么产品，产品的质量、品种等要达到什么目标。生产经营管理中，一些具体问题的解决，都需要应用市场信息，而且信息内容包括很多，包括产品的生产能力，现在已达到的生产量，产品在市场上的销售能力，产品在市场上的竞争能力等。因此，市场信息的分析与利用对生产领域来说，关系到公司的生死存亡。

◎ 及时快捷地把握重大信息

在现代社会，信息对公司领导者做出决策有着十分重要的作用。在今天的信息时代，国外的大公司或中小公司，都极为注重信息。

日本的三菱商社在128个国家建立了信息中心和数据库。它建立了142个分支机构，聘请了100多位外籍专业人员，它的信息中心每天接到各地发回来的各种电报、电传、传真4万多份，电话6万多次，邮件3万多封，这些纸连起来可绕地球几圈。三菱的信息中心在5分钟内，就可以和世界任何一个地方接通联系。这一切都对其经营或营销决策起着异常重要的作用。

当今社会，有很多人称之为信息社会，这并不夸张。作为一个成功的领导者，就要求其有畅通的信息来源，建立一个有效的信息获取系统，及时、迅速而又准确地获得各种信息，这些对于领导者的管理、公司的经营决策均具有极为重要的作用。

“信息是决策者的生命”已成为社会的共识。我们的领导者应该从日本三菱商社的信息中心布局中悟出“决策离不开信息”的真谛，并在自己的实践中有意识地加以运用。

◎ 市场研究有哪些方法

市场研究的最终目的不尽相同，其所选择的调研方法也绝不能雷同。依据市场研究的目的和特点，选择恰当的研究方法，才会有事半功倍的效应。

市场研究中常用测量方法有：

1. 问卷法，即直接问被访者信息。

2. 量值法，即让被访者把对某个事物的态度、感觉量化地表示出来。

3. 观察法，即观察行为的结果或生理变化。

4. 投射和深访，即让被访者对某个对象自由表述自己的想法，投射出自己的情感。

以上任何一种方法都不必看作是“独立事件”。在研究中，为了多方位、多角度地收集所需资料，不能只依据于一种技术或方法，而应根据目的或问题的不同，交叉使用，以达到最佳效果。同时，单独一种调研方法总有着不可避免的小遗憾，不能完全承担研究所需的全部信息。而且，有时在研究过程中，会有另外一些有价值的信息和现象，需要使用其他方法进行补充调研。

◎ 经营者如何把握市场

曾被誉为“中国饲料王”的希望集团，其创始人刘氏四兄弟当年抛弃“铁饭碗”，变卖家当，几经挫折，从小本经营开始，并最终发现广阔的饲料市场，其经历的艰辛可想而知。

而就在他们发现饲料具有广阔的市场前景的时候，事实上，作为农业产业的“世界第一市场”的中国农村，早已是洋饲料的天下。为了挤进本该属于中国人的市场，他们开始销售“希望牌”1号乳猪全价颗粒饲料之初，硬是采用买一送一的策略，每购买一吨饲料，便无偿赠送由他们自行研制的科技含量非常高、成本也很高的浓缩“希望精”。他们凭借价钱公道、无利甚至赔本的营销，终于在夹缝之中打开了市场，扭亏为盈。历经十年艰难经营，刘氏兄弟从偏僻的西南内地起家，进而进军全国，由乡村的禽兽饲料场发展成为拥有三亿多资产的现代化集团公司，其成功之处就在于他们准确的公司市场定位。

从上面的例子我们可以看出，其实任何一家公司，从它将产品投放市场的那天开始，就已经对市场份额享有占有权，其关键的问题在于所占有市场份额的高低。从这一种角度而言，经营者学会把握市场，并采取一系列措施以便牢牢地占领市场，然后开始逐步拓展市场，无疑是公司定位的第一原则。因此，公司在实施市场定位战略时应当慎之又慎，同时又要敢想敢做。该出手时大胆出击，往往有出奇制胜之妙。

◎ 经营者如何发现市场

所谓发现市场，就是公司通过自己的探索和仔细调研之后，对市场的未来消费群体进行准确分析，然后大胆开发适合于该群体的新产品，并大胆采用各种营销手段把其推向市场。通过发现市场公司就为自己的生存和发展开辟了更新的道路，有时通过这种行为甚至会使公司在很短的时间之内推出一个具有强大竞争力的品牌，一举走上名牌之路。

经营者要想成功，需要从自身所拥有资本、技术、人才等方面的优势出发，努力去发现市场，当然在发现市场的过程中肯定会有很多的曲折甚至挫折。

只要作为公司主体的公司决策者对自己的公司有准确的自我认识、自我潜力发现，那么发现市场并不是一件困难的事情。

所谓自我发现，就是指公司对自己有非常客观的评价，一切都从公司的实际能力出发对公司本身在市场竞争中现有的位置有非常准确的评估与定位。当然，正如任何事物都不存在绝对一样，并不是每一个发现市场的公司都会成功，所以经营者在发现市场的同时，还必须对其有正确而慎重的运用。

◎ 经营者如何创造市场

当前，随着信息科技的发展，一个公司如果想处于一种生存与发展的优势，它就必须面对未来。通过自己的努力把这一种需求变化为现实，或者干脆经营者有一种超前的想象与预测力，能够用自己现有的技术或资本，人为创造某种人们目前并不了解的需求。

事实上，一种未知的需求一旦被创造出来，一个无形的市场也就形成了。而公司的可持续发展问题也将随着这个市场的形成与拓展而解决，这就是所谓的制造市场。

当然，要制造市场，经营者首先需要加强对公司自身各方面的建设与改革。一方面，科技的进步无疑是一个很重要的方面，而公司内部所拥有的一种充满活力和想象力的人文环境以及公司上下各个方面的支持也是很重要的。另一方面，来自客观经济环境方面的条件限制也是一个不可忽视的方面，特别是一些产业结构的变动和科技周期的影响。

当然，从经营者的主观上的因素而言，创新对制造市场这一原则是一个非常重要的话题，因为制造市场是在把握市场和发现市场之后向更高阶段的发展，它不同于公司初始阶段的挤占市场，而是公司必须通过自己的想象力去拓展出一个崭新的市场，同时引导消费需求。可以这么说，制造市场就是公司对自己的过去市场的一种否定，不因循守旧，并勇敢地把其推向消费者，通过一切手段对消费者加以善意的消费诱导。

◎ 收集情报是正确决策的基础

任何一个营销高手都知道，准确的信息是成功的先导。而营销经理更常是收集情报、分析情报的高手。

1989年，某啤酒公司的经理们得到消息：其竞争对手公司准备将自己生产的啤酒大量投入当地的市场，并大做广告和促销活动，挤占了该公司部分市场。当地一直是该公司的大本营，在其大本营丧失市场占有率不但代价高昂，而且十分丢脸。

问题在于对手公司在当地的分工厂是否有足够的生产力能来满足其广告时段和促销活动之后所增加的需要，一家竞争情报咨询公司利用公共数据回答了这一问题。该咨询公司查询了环境保护署有关对手公司废水排放的档案，根据对手公司废水排放量而推算出其最大生产能力。推算的结果发现对手公司并没有足够的酿造能力来成功入侵本地区。该公司原本计划花数百万美元来反击对手公司的促销和广告活动，现在决定不必支出这笔费用，而把宝贵的资金用到了更需要的地方。

这个故事显示了竞争情报的三个阶段的工作：

1. 得到信息——排放废水量。

2. 分析信息——根据排放量推算出竞争对手的生产能力。

3. 利用信息——公司决定暂时不进行反击。

可见，公司的情报活动是非常重要的，它已成为公司营销活动中的必备部分。

24 确定市场调查

◎ 进行经营环境调查

经营环境调查包括以下三方面：

1. 政策、法律环境调查

调查与你经营的业务、开展的服务项目有关的政策法律信息，了解国家是鼓励还是限制该项业务，有哪些管理措施和手段。当地政府是如何执行国家相关法律法规和政策的，对你的业务有何影响。

2. 环境调查

调查你所经营的业务，开展的服务项目所属行业的发展状况、发展趋势、行业规则及行业管理措施。比如，从事美容美发行业，应该了解该行业国内及本地区的发展状况，国际国内流行趋势和先进美容技术，该行业的行业规范和管理制度有哪些。从事服装业的，应该了解服装行业的发展趋势，流行色和流行款式，服装技术发展潮流等。“家有家法，行有行规”，进入一个新行当，应充分了解和掌握该行业信息，这样，才能有助于你尽快实现从“门外汉”到内行的转变。

3. 宏观经济状况调查

宏观经济状况是否景气，直接影响老百姓的购买力。如果企业效益普遍不好，经济不景气，你的生意就难做，反之生意就好做，这就叫作大气候影响小气候。因此，掌握大气候的信息，是做好小生意的重要参数。经济景气时宜采取积极进取型经营方针，经济不景气时也有挣钱的行业，也孕育着潜在的市场机遇，关键在于如何把握和判断。

◎ 进行市场需求调查

如果要生产或经销某一种或某一系列产品，应对这一产品的市场需求量进行调查。也就是说，通过市场调查，对产品进行市场定位。

比如经销某种家用电器，就应调查一下市场对这种家用电器的需求量，有无相同或类似的产品，市场占有率是多少。要想提供一项专业的家庭服务项目，应先调查一下居民对这种项目的了解和需求程度，需求量有多大，有无其他公司也在提供相同的服务项目，市场占有率是多少。

市场需求调查的另一重要内容是市场需求趋势调查。了解市场对某种产品或服务项目的长期需求态势；了解该产品和服务项目是逐渐被人们认同和接受，需求前景广阔；还是逐渐被人们淘汰，需求萎缩。了解该产品和服务项目从技术和经营两方面的发展趋势如何。

◎ 进行顾客情况调查

顾客情况调查包括两个方面的内容。

1. 顾客需求调查

如购买某种产品（或服务项目）的顾客大都是些什么人（或社会团体、企业），他们希望从中得到哪些方面的满足和需求（如效用、心理满足、技术、价格、交货期、安全感等），现时的一些产品（或服务项目）能否或是如何满足顾客需要的，等等。

2. 顾客分类调查

重点了解顾客的数量、特点及分布，明确目标顾客，掌握他们的详细资料。如果是某类企业和单位的话，应了解这些单位的基本状况，如进货渠道、采购管理模式，联系电话、办公地址，某项业务负责人具体情况和授权范围，对某种产品和服务项目的需求程度，购买习惯和特征。如果顾客是消费者个人，应了解消费群体种类，即目标顾客的大致年龄范围、性别、消费特点、用钱标准，对某种产品和服务项目的需求程度，购买动机、购买心理、使用习惯。

◎ 对竞争对手进行调查

在开放的市场经济条件下，做独家买卖太难了，在你开业前，也许已有人做相同或类似的业务了，这些就是你现实的竞争对手。也许你开展的业务是全新的，有独到之处，在你刚开始经营的时候，没有现实的对手；一旦你的生意兴旺，马上就会有许多人学习你的业务，竞相加入你的竞争者行列，这些就是你的潜在对手。

知己知彼，方能百战不殆。了解竞争对手的情况，包括竞争对手的数量与规模，分布与构成，优缺点及营销策略，做到心中有数，才能在激烈的市场竞争中占据有利位置，有的放矢地采取一些竞争策略，做到人无我有，人有我优，人优我更优。

◎ 进行市场销售策略调查

重点调查目前市场上经营某种产品或开展某种服务的促销手段、营销策略和销售方式有哪些。如销售渠道和销售环节，最短进货距离和最小批发环节，广告宣传方式和重点，有哪些促销手段，有奖销售还是折扣销售，销售方式有哪些，批发还是零售，代销还是传销，专卖还是特许经营等，调查一下这些经营策略有哪些缺点和不足，从而为你决策采取什么经营策略、经营手段提供依据。

◎ 不同范围的市场调查

按调查范围不同，市场调查可分为：市场普查、抽样调查和典型调查三种。

1. 市场普查。即对市场进行一次性全面调查，这种调查量大、面广、费用高、周期长、难度大，但调查结果全面、翔实、可靠。一般小型创业，就没有必要搞这种大规模的市场普查。

2. 抽样调查。据此推断一个总体的市场状况。比如经销一种小学生食品和用品，完全可选择一两个学校的一两个班级小学生进行调查，从而推断小学生群体对该种产品的市场需求情况。

3. 典型调查。即从调查对象的总体中挑选一些典型个体进行调查分析，据此推断出总体的一般情况。如对竞争对手的调查，即可以从众多的竞争对手中选出一两个典型代表，深入研究了解，剖析其内在运行机制和经营管理优缺点，价格水平和经营方式，而不必对所有的竞争对手都进行调查。

◎ 不同方式的市场调查

按调查方式不同，市场调查可分为：访问法、观察法和试销（或试营）法。

1. 访问法。即事先拟定调查项目，通过面谈、信访、电话等方式向被调查者提出询问，以获取所需要的调查资料。这种调查简单易行，有时也不见得很正规，在与人聊天闲谈时，就可以把你的调查内容穿插进去，在不知不觉中进行市场调查。

2. 观察法。即调查人员亲临顾客购物现场（如商店和交易市场），亲临服务项目现场（如饭店内和客车上），直接观察和记录顾客的类别，购买动机和特点，消费方式和习惯，商家的价格与服务水平、经营策略和手段等，这样取得的第一手资料更真实可靠。要注意的是，你的调查行为不要被经营者发现。

3. 试销（或试营）法。即对拿不准的业务，可以通过试营业或产品试销，来了解顾客的反应和市场需求情况。

25 新产品开发

◎ 如何对新产品进行分类

所谓新产品，是指在原理、结构、性能、技术、材质、用途等某一方面或某几方面具有创新或改进的产品。

为了便于对新产品进行分析研究，我们可以从多个角度对它进行分类。

1. 按新产品所在的地域特征分类

（1）国际新产品。指在世界范围内首次研制成功并生产销售的产品。

（2）国内新产品。指在国外已经试制成功，但国内尚属首次生产和销售的产品。

（3）地区或企业新产品。指在国内其他地区或企业已经生产，但本地区或本企业首次生产和销售的产品。

2. 按新产品创新程度分类

（1）全新新产品。是指利用新的科技成果，采用新的原理或技术生产出的产品。

（2）换代新产品。是指在原有原理的基础上，采用新技术、新材料或新结构制成，其性能指标比原有产品有较大提高。

（3）改进新产品。是指利用改进技术，对原有产品的功能、外观、型号等进行改善后制成的产品。

3. 按新产品的开发方式分类

（1）独立开发新产品。指从用户所需要的产品功能出发，探索能够满足功能需求的原理和结构，结合新技术、新材料的研究独立开发制造的产品。

（2）技术引进新产品。是指避开自身开发能力较弱的难点，直接引进市场上已有的成熟技术制造的产品。

（3）混合开发的新产品。是指新产品的开发过程中，既有独立开发的部分，又有直接引进的部分，将两者有机结合在一起而制造出的新产品。

◎ 成功的新产品有哪些特征

一般来讲，成功开发的新产品具有以下特征：

1. 优点相对突出。新产品相对于市场原有的产品来说具有独特的长处，如性能好、质量高、使用方便、携带容易或价格低廉，等等。

2. 适应性强。新产品必须适应人们的消费习惯和人们对产品的观念。如试制幼教系统用电子琴，就要使产品适用此系统使用者的使用习惯和产品观念。

3. 利于保护环境。新产品属节能型，或对原材料的消耗很低，或者有利于保护环境，对“三废”、“三害”的消除有效。

4. 时代感强。新产品能体现时代精神，培植和引发新的需求，形成新的市场。

5. 多功能化。使新产品具有多种用途，既方便购买者的使用，又能提高购买者的购买兴趣。

6. 人体工程化。对生活消费品要更多地考虑这一点。

7. 简易化。尽量在结构和使用方法上使使用者方便和容易维修。

8. 微型化、轻便化。在保障质量的前提下使产品的体积变小、重量变轻，便于移动。

以上几方面是对企业发展新产品的要求，也是今后新产品的发展趋向。

◎ 成功开发新产品的保证

对于企业来说，新产品开发成功的最根本保证主要是：

1. 必须进行细致的市场调查

一项调查表明，与竞争者相比优势非常大的产品成功率为98%，较占优势者有58%的成功率，稍占优势者为18%成功率。

2. 要有可靠有效的组织保证

公司在处理新产品开发的问题上有以下几种方法：

一种是把新产品开发工作交给它们的产品经理们。这种制度有缺陷，因为产品经理们很少有时间考虑新产品，同时他们也缺乏开发新产品所需的专有技能和知识。

一种是在公司内部设有属产品经理领导的新产品经理职位。一方面，这个职位使得开发新产品的功能专业化；另一方面，新产品经理的工作局限于他们的产品市场范围的产品改进和产品线的扩展。

一种是组建一个高层管理委员会负责审核新产品。

一种是常设一个新产品部。该部的主管拥有实权并与高层管理当局密切联系。其主要职责包括产生和筛选新构思，指挥和协调研究开发工作，进行实地试销和商品化。

为了加快新产品的开发，许多公司采用了小组导向的方法，并称之为同时并进的产品开发。这种组织架构保证了产品开发要求与开发、工程、制造、采购和营销等各部门的人一开始就密切配合。

◎ 提出目标，搜集“构想”

新产品的“构想”是在企业战略基础上开发的。也有人称为“创意”或“设想”。新产品“构想”从哪里来？主要来源有购买者（包括消费者和用户），专家，批发商，零售商，竞争者，企业的营销人员及各级决策人员。

企业对以上人员的工作有：

1. 寻找“构想”。设法从环境中发掘好的关于产品的“构想”，如从消费者对现有产品的意见中发现，从专家的新的科技成果中寻找，也可以从竞争对手企业的产品上思索。

2. 激励“构想”。设法鼓励企业内部工作人员产生和发展新“构想”，在这项工作中，不可忽视营销人员的作用，因其经常与顾客打交道，了解顾客对产品的喜恶，往往能产生出新的“构想”。

3. 增修“构想”。将收集到的、汇集好的“构想”送到企业内部有关部门，征求修正和补充意见，以完善最初“构想”。

在搜集“构想”过程中，怎样才能最有效地发掘出“构想”需要一定的方法？可用的方法有：

1. 罗列法。列出某一产品的特点，然后逐一推敲，以找出另一组特点的组合来改进本产品。

2. 硬性结合法。将不同产品项目排列出来，通过自由联想，考虑不同的产品的关系，进而组合成新的产品的“构想”。

3. 多因素分析法。将存在的几个重要因素提出来，考虑每一个变化的可能性，在这几种因素的基础上，试验其改进的可能性。

4. 头脑风暴法。可采用几人一组的方法（6~10人最宜），将问题告诉大家，任他们对所遇问题发表看法，这样一个想法会激起另一个新的“构想”的产生。

◎ 评估新产品构思的方法

要科学地进行构思的筛选，就应该根据企业内部和外部的具体条件进行全面的衡量。美国企业界普遍采用一种评估新产品构思的方法，该方法首先将决定新产品成功的因素细分成七个方面，对这七个方面的重要性给予不同的权数，然后针对每种构思对其在这七个方面的表现进行评分，加权之后得到每种构思的总得分，从而得到对构思的量的评价。这七个方面分别为：企业策略与目标；营销技术与经验；财务状况；分销渠道；生产能力；科研与开发能力；供应能力。

经过筛选后的新产品构思还必须经过具体化，形成比较完整的产品概念。产品的概念应该能够明确、清晰地表达产品策划的意图。所谓的产品概念，是指用有意义的消费术语表达的精心阐述的构思。消费者不会去购买产品构思，他们要买的是产品概念。一个产品构思可以通过不同的具体化转化成几种产品概念。营销者选用何种产品概念，就必须对有不同偏好的细分市场的规模进行研究。

◎ 市场试销的成本核算

对于高风险产品或具有新奇特点的产品，市场试销是必须的。市场试销的目的是了解消费者和经销商对处理、使用和再购买该实际产品有何反应，以及该市场容量有多大。通过市场试销能够获得有价值的信息，如购买者、经销商、营销方案的有效性、市场潜量和其他事项等。

市场试销方法可有多种，这几种试销方法的成本不一。

最便宜的是销售波研究。即通过几次免费或低价提供本企业的产品或竞争者的产品后，公司密切注意有多少消费者再次选择本公司的产品和他们对满意程度的评论。当然也可以不提供产品，只是让消费者接触到几次本公司的广告，然后观察他们的购买行为。

另外一种是模拟销售方法。由公司选择一些消费者，预先并不告诉其哪种是本公司的产品，而提供一定数量的金钱给他们，然后观察其购买行为，确定他们对产品的态度、使用情况、满意程度和再购买意图。这种方法的准确性常是比较高的。

还有一种是控制销售法。由公司选定一些商店，给予折让或一定费用，让其试销本公司的新产品。控制销售可以使公司得以测试店内因素的影响，并在随后再用抽样调查的方法抽选一部分消费者，征求他们对产品的印象。公司可以不动用自己的销售力量，但易使自己的产品暴露在竞争者面前。

最昂贵的方法是全面测试法。一般来说，公司需要与外界的调研公司合作，以选定少数有代表性的测试城市。在那儿，公司的销售队伍努力把该产品推销给商业部门经销，并为它取得良好的货架陈列的机会。这样全面的测试，是正式销售的一次预演，费用是相当可观的。

◎ 巧妙运用产品开发策略

企业要在风云突变的商场上立于不败之地，光靠实力与竞争对手竞争，往往会被动挨打，所以还得靠智谋策略。巧妙运用产品开发策略，方能在商场上立于不败之地。

1. 领先策略。这种策略就是在激烈的产品竞争中采用新原理、新技术、新结构优先开发出全新产品，从而捷足先登，领略市场上的无限风光。这类产品的开发多属于发明创造范围，采用这种策略，投资数额大，科学研究工作量大，新产品实验时间长。

2. 跟随策略。采用这类策略的厂商往往针对市场已有的产品，进行仿制或进行局部的改进和创新，但基本原理和结构是仿制的。这种厂商紧跟既定技术的先驱者，以求用较少的投资得到成熟的定型技术，然后利用其特有的市场或价格方面的优势，在竞争中对早期开发者的商业地位进行侵蚀。

3. 补缺策略。任何一个企业都不可能满足市场的所有需求，因此在市场上总存在着未被满足的需求，这就为厂商留下了一定的发展空间。这就要求企业对市场上现有产品及消费者的需求进行详细的分析，从中发现尚未被占领的市场。

◎ 产品组合的特征

当代社会的发展，一方面企业要以大批量生产获得较大的经济效益，另一方面又由于市场、消费需求的变化，要发展多品种的产品以适应消费需求的多样化。如何在生产和经销中进行产品的搭配和组合就成为企业在经营决策中必须要面对的重要问题。

分析产品组合的特征可以从以下几个方面进行：

1. 产品线。产品线指一组密切相关的产品，这些产品功能相同，售给同类顾客群，通过同一类的渠道销售出去，售价在一定幅度内变动。有了产品线的定义作为基础，我们就可以定义产品组合的宽度，产品组合的宽度是指公司所拥有的产品线的数目。

2. 产品线长度。每一条产品线内的产品品目数称为该产品线的长度，如果一个公司有多条产品线，我们可以将所有产品线的长度加起来，得到公司产品组合的总长度，用其除以宽度则可以得到公司平均产品线长度。

3. 产品组合深度。每一产品品目内的品种数称为产品组合的深度，如两面针牙膏具有多种口味与香型，这些就构成了两面针牙膏的深度。

4. 产品相关度。不同的产品线在最终用途、生产条件、分销渠道或者其他方面可能有某种程度的关联，这种关联性我们将其称为相关度。

产品组合的四个方面为公司确定产品战略提供了依据。公司可以采用四种方法发展其经营业务。公司可以增加新的产品线，以扩大产品组合的宽度。也可以伸长它现有的产品线，成为有更完全产品线的公司，可以更多地增加每一产品的品种，以增加产品组合的深度，并开拓新的领域或收缩领域。

◎ 产品组合分析

分析产品组合，一般考虑以下几方面因素：

1. 对产品处境的分析

要对企业的每一项产品逐一分析，可利用杜拉克的“六层次”产品处境分析法。这六个层次分别是：一是企业未来的主要产品，即新产品，或改进型产品；二是企业目前的主要产品；三是在竞争条件下，可能为企业主要盈利的产品；四是过去的企业主要产品，产销量大但销路日渐萎缩的产品；五是仍可继续经营，尚未完全失去销路的产品；六是完全失去销路或未打开销路的产品。

企业将产品组合中全部产品项目的“处境”进行判定后，再决定每一个项目的剔除、保留和发展。对产品的分析，要结合对产品的经济生命周期的研究。

2. 产品定位分析

分析本企业产品定位的优劣，提出产品再定位的设想。

3. 产品品目关系及对企业的贡献分析

主要考察产品的总体组合方式，每项产品对企业经营的影响，以明确经营产品项目中的主次关系，做到有主有次，主次扶持，以充分发挥企业的优势和潜力。

4. 对企业产品组合的改进

企业要从实际情况出发，根据自身的营销目标、营销范围、营销能力（人、财、物的优势与劣势）等因素来确定。扩展企业的产品组合即进行更多品目或品种的生产或经营，可以充分利用企业的人力、物力和财力，减少经营的风险，但同时提高了经营的复杂程度，缩减企业的产品组合即进行更少品目、更专业化的经营，有利于企业采用先进的生产技术和营销方法，提高效率，降低成本和费用，提高产品质量和服务水平，但是，要承担较大的经营失败的风险。

因此，要求企业有关决策人员，善于把多品目与专业化结合起来，妥善地处理有关矛盾，使企业的产品组合独具特色，并通过不断调整保持最佳状态。

◎ 关于产品线的长度

产品线决策面临的主要问题之一，是产品线的最佳长度。如果能够通过增加产品品目来增加利润的话，那就说明现有的产品线太短；如果能够通过削减产品品目来增加利润的话，那就说明现有的产品线太长。

产品线长度的安排受到公司目标的影响。正在试图寻求较高的市场份额的公司，就会希望具有完善的产品线。同时，市场成长也会要求公司具有较长的产品线。如果一些品目无法提供利润，它们就会被忽视。

追求高额利润的公司希望拥有“经慎重挑选的”品目组成的产品线。

一般来说，公司的产品线具有不断延长的趋势。生产能力过剩会促使公司倾向于开发新的产品品目。推销队伍和分销商也希望产品线更为全面，以满足顾客的需求。为了追求更高的销售量和利润，公司也会希望增加产品线上的产品品目。

但是必须注意的是，当产品品目增加后，有几类费用也相应上升。这些费用有：设计费和工程费，仓储费，订货处理费，运输费，以及新产品品目的促销费。其结果，有人会要求遏制住产品线如此迅速发展的势头。由于出现资金的短缺和生产能力的不足，公司的高层管理当局可能会冻结一些产品品目。主管人员可能就产品线的盈利能力提出一些问题，并要求就这些问题做一番研究。研究以后，可能会发现大量亏损的产品品目，为了提高产品线的盈利能力，应做一次重大努力将这些产品品目从产品线中删除掉。先是产品线随意增长，随后是大量的产品削减，这种模式将会重复多次。因此产品线的增加与否要视未来收益与可能发生的成本的配比结果而定。

◎ 增加产品线长度的方法

公司可以采用以下四种方式来有系统地增加其产品线的长度：

1. 向下扩展

许多公司刚开始生产高端产品，随后将产品线向下扩展。其做法通常是在其产品线的低端增加一些新品种。例如，西尔斯公司生产了仅售240美元的室内空调器，通用汽车公司生产了一种售价仅仅为7000美元的新型的雪佛莱汽车。公司采用向下扩展产品线的决策有多方面的原因，如高档产品市场增长缓慢，利用低档产品作为避免竞争或反击竞争的工具等。

采取向下扩展的策略，公司会碰到一些风险。新的低档产品可能会改变公司原来所确立的形象。派克公司原先已经确立了高档产品生产商的形象，后来其领导层决定生产大众化的钢笔，这一向下扩展的决策导致消费者对派克公司形象的怀疑，从而影响了其原来的高档产品销售。

2. 向上扩展

这指的是原先生产低档产品的公司转而生产高档产品。向上扩展的原因不外乎制造商为了长期的发展想要拥有完整的产品线，或被高档产品的较高的增长率和利润率所吸引。

向上扩展同样存在风险。不仅会招致高档产品厂商的反击，而且由于原先的低档形象，消费者可能会怀疑它的生产能力，影响到其市场的开拓。

3. 双向扩展

生产中端产品的厂商向上、下两个方向扩展。这种策略对于公司的实力要求更高，但这种扩展所带来的好处是明显的。成功的双向扩展可以使中端产品厂商确立其市场领导地位。

4. 填补策略

这种产品线的扩展并没有明显的向上或向下的特征，而仅仅是增加一些产品品目。采用这种策略的原因主要是为了充分利用剩余的生产力或者为了填补市场空隙，防止竞争者的侵入。

产品线的削减也是产品线决策的一个重要方面。不同的产品品目对企业利润的贡献是不一样的，有的产品品目甚至是使利润减少的原因，这样的产品品目就应该进行削减。另外，如果公司缺乏生产能力或需求较为紧张时，公司也应该削减一些产品线。无论是增加还是削减，都必须通过销售额或成本的分析来判断有利的或疲软的产品品目。

26 销售渠道管理

◎ 什么是销售渠道

销售渠道，指产品从制造商向最终消费者转移时所经由的通道，由商品所有权从制造商转移到最终消费者所经的组织机构构成。广义的销售渠道包括介入某个生产商的产品的生产、分销和消费的所有企业及个人，包括供应商、制造商、中间代理商、辅助商和最终使用者。而狭义的概念仅指介于制造商和最终使用者之间的中介机构。制造商是销售渠道的起点，最终消费者是其终点，其间便是职能不同的中间机构。在此组合中各方的关系稳定，各自的权利、责任和义务都由相应的协议规定。

◎ 销售渠道的层次

在销售渠道这一流程中，产品的所有权每经历一次转移，就构成一个销售渠道层次。根据层次的不同，可分以下几类：

1. 直接销售渠道：制造商→消费者。
2. 一层渠道：制造商→零售商→消费者。
3. 二层渠道：制造商→批发商→零售商→消费者。
4. 三层渠道：制造商→批发商→专业经销商→零售商→消费者。
5. 四层渠道：制造商→全国批发商→地区批发商→零售商→消费者。

直接销售渠道，是指生产者直接销售给消费者，常用的方式有上门推销、邮购和制造商自设商店。

随着网络经济的到来，网上销售的规模越来越大，直接销售渠道日益成为销售渠道中的重要渠道。服务业的生产与消费在时空上具有同一性，可以看作是一种直接销售渠道。

其他多层渠道，包含数量不同的中间商。在实际营销中，层次并非这样明晰，可能批发商兼营零售业务，专业经销商直接零售。

◎ 销售渠道的宽度

销售渠道的宽度是指销售渠道同一环节或层次选用的中间商的数量多少，多者为宽，少者为窄。

选择宽销售渠道还是窄销售渠道取决于企业的战略目标、产品特点和顾客分散程度。一般批发环节较窄，零售环节较宽。

在零售环节，不同商品的宽度也不同，特殊品、新产品较窄，日常用品、成熟产品较宽。

◎ 销售渠道都有什么功能

销售渠道最主要的功能是商品流通，除此之外还有以下功能：

1. 沟通信息。通过市场研究和日常的信息收集活动来获取市场营销信息，并使其在销售渠道之间沟通、传递。

2. 促进销售。通过人员推销、广告、公关等促销活动吸引顾客。

3. 洽谈生意。销售渠道成员在某种意义上是代表最终消费者向生产商采购，协商采购条件。

4. 融资。中间商投入的采购资金从总体上看，效果是产品在实际抵达最终消费者之前，即已代消费者将资金还给了生产者。

5. 实体分配。中间商完成产品实体从生产者到消费者的空间转移。

6. 风险承担。中间商与生产者共同承担市场风险，同时独自承担在运输、储存、装卸等过程中的风险。

7. 所有权转移。整个营销网络体系承担的最本质的功能是完成产品或服务所有权从生产者到消费者的转移。

◎ 销售渠道的选择

1. 选择销售渠道要看产品

销售渠道的确定会影响到企业营销策略组合的其他方面，而且渠道一经确定，本企业与其他企业的关系在相当长的时间里就基本确定下来。下面着重介绍一下产品因素对渠道选择的影响。

产品的特征包括产品的单价、技术服务标准、物理特性、自然属性、时尚性、是否是新产品等。

（1）单价高的产品一般由企业的推销员销售，较少通过中间商，因为高价带来的高利润足以弥补直接销售的费用。

（2）技术服务难度大的产品可选择短而窄的渠道，满足市场对推销人员的技术要求。

（3）体积大、重量大的产品适合采用短的销售渠道，避免重复装卸搬运造成物流成本增加。

（4）易损易腐的商品要求较直接的销售，以减少损失。

（5）款式、花色变化快的流行商品需选择短而宽的销售渠道，利用较多的中间商迅速占领市场，力争在流行期内及时售出。

（6）需由顾客直接定制或特制的非标准化的产品，要由企业的销售代表直接销售。

（7）新产品的上市更需要生产企业的自行促销。

2. 中间商因素

选择与设计销售渠道时，应当根据渠道销售中介机构在目标顾客、销售能力和成绩、促销能力、声誉、市场覆盖、经理素质、物流状况和营销成本等方面的不同，扬其长、避其短，组建成科学实用的销售渠道组合。

3. 竞争因素

选择销售渠道时必然会受到竞争者使用渠道的制约，企业必须根据不同的策略，有时与对手争夺现有渠道，有时避开竞争，改变销售方式，采用不同层次的销售渠道。如果本企业在竞争中处于领先位置，其销售渠道的设计一般从继续扩大市场占有和降低销售渠道费用出发，以求提高利润。在寡头竞争条件下，由于实力雄厚，发展自己直接控制的销售渠道是十分普遍的。行业竞争的方式同样影响渠道的选择。以价格竞争为主的行业，必须选择费用最低的销售渠道。在以产品差异、服务差异、广告诱导等非价格竞争为主的行业中，要求营销网络的成员完善自身功能。

4. 顾客特征

顾客的购买习惯、市场分布状况、市场需求容量的大小都制约销售渠道的选择。购买量小、购买次数多的商品需要较长的渠道，以降低少量频繁订货的成本。目标市场集中则可选择较短的销售渠道。市场容量大、潜在购买者多的商品，可以选择较长的销售渠道，通过中间商扩大销售量。

5. 企业自身的条件

企业自身的规模和实力决定了它的市场销售渠道策略。企业生产能力强、资金雄厚，选择销售渠道的余地相对较大。企业的产品组合宽度越大，则直接销售的能力就越大。产品组合越深，就更倾向于采用独家经销或选择较少的中间商。产品组合的关联度大，一般采用相似的销售渠道。企业的销售能力强，可选择较短的渠道。如果企业要建立稳固的销售渠道，往往以控股、联营、协议等方式达到目的。

6. 政策法规环境

经济的景气状况和宏观经济的政策法规会对销售渠道的选择有所影响。经济状况不佳时，渠道的成本约束就更强，须采用最经济的方法。政策法规，如禁止传销、反对垄断的法规对渠道的安排有严格的制约作用。

◎ 确定渠道成员的条件和责任

企业必须确定渠道成员的条件和责任，主要包括：

1. 制定公平合理的价目表和折扣表。

2. 对提早付款的分销商给予现金折扣或其他特殊保证。

3. 地区权利划分，即分销商在什么地区范围内享有特许经营权。范围和责任必须划分清楚，尤其是对于特许经营和独家分销。

在确定了渠道选择的几种方案后，企业还需按照经济性、可控性和适应性三个标准来进行评估和选择。

1. 经济标准是用来衡量各渠道方案的销售量大小以及各自达到不同销售水平时的成本大小。市场覆盖率是衡量销售渠道的销售能力的重要指标；销售渠道的成本包括开发销售渠道的投资和维持营销网络的成本。

2. 可控性标准涉及对于销售渠道的控制问题。

3. 适应性标准是考虑每种渠道的延续时间，获得新的销售渠道的可能性等问题。从经济和可控的角度考虑，含有长期义务承诺的渠道更为优越。

◎ 建立销售渠道资料库

企业要注意与渠道成员进行双向沟通，注意收集、整理各销售渠道成员的信息资料，分别为其建立资料库。

凡是与销售渠道成员有关的信息，如市场覆盖面、营销额、商品构成、价格、广告、资本、声誉、竞争地位等都可收集，并分别为每一个成员建立一份档案，作为评估和管理销售渠道成员的依据。

◎ 密切与中间商的关系

传统的处理中间商关系的方法是以自己为中心，采取胡萝卜加大棒的两面手法，如高利润、补贴与推迟交货、终止供货的方法。从长远来看，这种合作方式是不稳固的。

如何建立与中间商长期稳定的合作关系？只有在加深对中间商的了解的基础上，建立一套有计划的实行专业化管理的垂直的市场营销系统，把生产企业与中间商牢牢地结合在一起。

了解中间商的需要和对生产企业的愿望，包括在价格、交货情况、促销、市场调研、培训和售后服务方面所需要的合作。在此基础上，确定双方的合作目标，存货水平，广告、促销和培训方案。

◎ 激励中间商

通过对中间商的有效激励可达到对销售渠道成员的有效控制和管理。所有激励中间商的方式归纳起来有三种：

1. 评奖。通过设置目标奖、成本奖、合作奖、付款奖的方式激励中间商。

2. 竞赛。通过在营销网络内开展销售竞赛、服务竞赛、促销竞赛，调动成员的经营积极性。

3. 地位提升。如评选最佳经销商，由一般经销商提升为特约经销商，或提升为地区、全国总代理等。

◎ 做好渠道冲突管理

做好渠道冲突管理主要包括以下两方面：

1. 采取措施预防冲突。在营销网络中获取领导地位，取得信任和尊重；网络成员之间加强沟通，协同工作；在生产企业做决策时，必须考虑中间商的利益，以适当的方式帮助中间商，以利开展工作；预先进行损失投保。

2. 妥善处理冲突。冲突产生后，营销网络领袖有责任制定明确的解决方案，采取有效的协调方式，控制局势，避免事态的恶化。当事的双方应头脑冷静，共同对问题调查，澄清事实，明确责任，探讨解决的办法。

◎ 做好存货控制管理

存货控制的方法是在科学预测商家的订货时间和数量的基础上，调整企业的生产，并确定其库存数量。

首先是商家订货时间预测。

虽然经验是决定订货时间的常用方式，但以下公式为确定订货时间提供了重要依据：

安全订货点=订货前置时间×使用率

（安全订货点是发出订单时，商家为了防止商品脱销需要维持的最低存货量。订货前置时间是自订单发出以后到收到货物所需要的平均时间。使用率是在某一段时间内，顾客每天购买的数量。）

其次是商家订购数量的预测。

商家在确定订购数量时主要考虑订货成本和存货成本。订货成本是从发订单到收到货、验货发生的订货处理费用。存货成本包括仓储费、资本成本、税金保险费、折旧与废品损失。

再次是服务水平。

企业制定存货水平时，要考虑到提供给客户的服务是否令其满意，保证客户的订单及时处理。企业在制定服务水平时应考虑的因素有：信任度、沟通情况、事先通知、送货时间、财务问题、商家对企业的服务期望及竞争状况。

最后是存货水平控制。

在确定以上要素后，一方面企业可以帮助客户建立科学的存货制度，尽量使客户的成本降低。如发达国家推行的EOS系统就是一种用于零售商盘点和处理订货的管理设备。另一方面，企业可以预测客户订货时间和订货数量，适时地调整生产，控制库存量。

◎ 做好配送管理

配送是按照用户的要求，在物流据点进行分货、配货工作，并将货物交给收货人的过程。它要求在完全配货的基础上，完全按照客户的要求，包括种类、品种搭配、数量、时间等要求进行运送，是配和送的有机结合。

从服务方式上讲，配送是一种“门对门”的方式，将货物从配运中心送到客户的仓库或家中。由于现代消费的多样化、个性化，配送要求是多品种、少批量。

企业在满足客户的要求基础上，为了降低经营成本，要求将小批量的订货转为大批量的商品集合，充分利用运输能力。于是产生了“共同配运”的方式，也就是几个企业联合起来，共同组建和使用一个配运中心，共同制定配运计划，使用配运车辆，共同对某一地区的用户进行配送。

◎ 做好渠道信息管理

有战略眼光的企业都非常注意利用销售渠道收集信息。例如日本的三菱商社，在128个国家建立了124个分支机构，雇员3700多名，总部每天从各分支机构收到的电报4万多份，电话6万多次，邮件3万多份。

1. 信息的收集

企业利用销售渠道收集以下信息：市场信息，包括竞争产品和竞争者信息，用户需求及售后评价信息，有关未来产品变化方向及与未来企业目标市场的发展与扩大有关的市场开发信息，有关顾客私人背景的档案信息，销售渠道成员的经营实力和经营特征信息。

信息收集要做到快、真、新、廉。收集的方法一般有以下几种：

（1）固定反馈制度。利用计算机网络和现代通信工具及时接收反馈信息，如我国以经营绸布闻名的谦祥益，早在1919年就建立了“一天一封挂号信”制度。

（2）调查表。专门为深入研究某一问题而设计，以收集全面、具体的信息。

（3）销售会议。利用企业举办的各种订货会、展览会、洽谈会、展销会、座谈会等形式收集第一手资料。

（4）联谊活动。经常举办一些由企业管理人员、销售人员和营销成员的代表参加的旅游活动、联谊会、舞会和研讨会，以收集信息。

2. 信息整理、分析与使用

整理信息就是使信息系统化、条理化，便于储存与分析。企业搜集到的信息往往是鱼目混珠、真假难辨，剔除其中错误、片面或虚假的信息是整理的第一步。然后是将性质相同的资料按一定的标准进行归类、编号整理。再对经过整理的资料进行定量和定性的分析，揭示信息背后的规律。最后将利用分析的结果用于管理实体分配、评价或调整销售渠道成员以及调整营销整体策略上。

27
定价程序

◎ 第一步：确定定价目标

企业价格的制定是一种有计划有步骤的活动，是实现企业营销目标和总体战略的具体工作。因此，必须首先明确企业的定价目标。企业的定价目标可有多种：

一是投资收益率目标。企业定价要以达到其预期的收益率为目标。

二是市场占有率目标。把保持和提高企业的市场占有率作为一定时期的定价目标。

三是价格稳定目标。避免价格战的发生。

四是防止竞争目标。具有优越条件的企业制定价格阻止竞争者的进入。

五是利润最大化目标。以追求企业长期的总利润最大化为目标。

六是度过困难目标。或称维持生存目标。

七是社会形象目标。以塑造一定的市场形象为目标。

◎ 第二步：估计市场需求

商品价格与市场需求一般情况下是成反比关系的。价格会影响需求，在正常情况下，市场需求会按照和价格相反的方向变动。价格提高，市场需求就会减少。企业商品的价格会影响需求，需求的变化会影响企业的产品销售乃至企业营销目标的实现。因此，估计市场需求状况是制定价格的重要工作。

对需求的估计，首先要估计需求的价格弹性，了解市场需求对价格变动的反应。

需求的价格弹性可用公式表示：

需求的价格弹性=需求变化百分比/价格变动百分比

商品需求弹性的不同对定价有不同的影响。要注意以下几方面：

1. 不同产品的需求弹性不同，企业的定价应不同

当商品富于需求弹性时，商品价格稍微下降一点，销售量就会显著增加，企业的总收入也会增加；相反，稍微提一点价，销售量就会明显下降，企业的总收入也会减少。价格变动方向同总收入的变动方向成反比。对于这类商品，企业采取低价销售有利。

当商品具有一般需求弹性时，价格变动幅度与销售量变动幅度大小一致，方向相反，总收入不变。对于这类商品，企业不宜采用价格手段进行竞争。

在商品缺乏需求弹性情况下，商品价格下降很多，销售量也只有较少的增加，企业总收入减少；相反，价格提高很多，销售量也只有较小的减少。价格的变动趋势同总收入的变动趋势方向相同。对于这类商品采用低价达不到销售量增加和效益提高的目的，而有限制的较高的定价对企业有利。

2. 同一产品在不同时期内或不同的价格区段需求弹性有所不同，企业定价也不同

对需求价格弹性还必须估计其在不同的销售时期和处于不同的价格区段上的情况。许多商品弹性不是始终如一的，如某商品单价在30~50元这个价格区段里需求弹性得大于1，而在15~30元这个区段中需求弹性小于1，企业要具体测定各区段的需求弹性，以决定正确的方法并找出理想定价点。

3. 不同的消费者对同一产品的需求弹性有所不同

有时需求强度不同的消费者对同种产品的需求弹性不一样，要认真加以区别，制定不同的定价方法。这正是差别定价理论的基础。

◎ 第三步：估算成本

企业在制定商品价格时，要进行成本估算，这是任何企业都不能例外的。企业商品价格的上限取决于市场需求及有关限制因素，而最低价

格不能低于商品的经营成本费用，这是企业价格的下限（这里不包括短期的，由于某种原因个别品种的价格低于成本费用的例外情况），低于这个限度，企业无法维持再生产和继续经营。因此，制定价格要在企业目标已定、市场需求已摸清的情况下，对产品的成本进行估算。

企业的成本包括两种。一种是固定成本，指在一定时期不随企业产量变化而变化的成本费用。如固定资产的折旧费，产品设计费，租金，利息，管理费用等。它不能计入某阶段的某项产品之中，而是以多种费用的方式分别计入各种产品之中。

另一种是变动成本，或称可变成本、直接成本，指随着企业的产品产量和销售收入变化的成本，如原材料、辅助材料、生产用燃料等。这部分成本随产品产量的变动成正比例变化，它可直接计入各种具体产品之中。

固定成本与变动成本之和即为某产品的总成本。当企业不开工生产，产量为零时，变动成本就等于零，总成本等于固定成本。

◎ 第四步：分析竞争状况

企业价格的制定除取决于需求状况、成本状况之外，还受市场竞争状况的强烈影响。对竞争状况的分析，包括三个方面的内容。

1. 分析企业竞争地位

企业及其产品在市场上的竞争地位对最后制定价格有重要的意义，要在企业的主要市场和竞争能力方面做出基本的估计，列出企业目前处于何种状况，并在分析过程中考虑有关显要的非商品竞争能力，如服务质量、渠道状况、定价方式等。

2. 协调企业的定价方向

企业要从各种公开发表的财务资料或其他资料中，或者从以购物者身份索要的价目表中了解竞争对手的产品价格，以使本企业价格制定更主动。这方面工作要考虑到竞争企业的定价目标及主要策略。

3. 估计竞争企业的反应

企业要把即将可能采用的价格及策略排列出来，进行试分析，并估计和预测采用某些具体价格和策略可能引起的主要竞争企业及同行业的反应。企业的营销情报信息系统要提供有关竞争企业的材料，如财务、技术、管理方面的优势和劣势，非价格因素的长处与缺点，现行的营销策略以及对竞争的反应的历史资料，使企业的有关决策人员知己知彼，以制定相应的策略和采用适当的方法。

◎ 第五步：选择定价方法

企业定价方法的选定是前四个步骤工作的具体体现。常用的定价方法有以下三种：

1. 成本加成定价法

成本加成定价法是一种以成本为中心的定价方法，也是最传统的、最普遍的定价方式。具体做法是按照产品成本加一定的利润定价，如生产企业以生产成本为基础，商业零售企业则以进货成本为基础。此方法的优点在于所定价格能保证企业全部成本得到补偿，企业成本材料自己掌握，计算方便，同时在成本没有大的波动的情况下，有利于价格的稳定，并给消费者一种可靠的“将本求利”的印象。其缺点在于不能反映市场需求状况。成本加成法有完全成本加成法和边际成本加成法。

2. 竞争导向定价法

竞争导向定价法是以竞争为中心的、以竞争对手的定价为依据的定价方法。这里简单介绍几种竞争导向定价方法：随行就市定价法，是指企业根据同行业企业的价格水平定价；追随定价法，是企业以同行业主导企业的价格为标准制定本企业的商品价格；盈亏平衡定价法，是运用损益平衡原理实行的一种保本定价方法。

3. 需求导向定价法

需求导向定价法是以消费者的需求为中心的企业定价方法。它不是根据产品的成本，也不是单纯考虑竞争状况的企业定价，而是根据消费者对商品的需求强度和对商品价值的认识程度来制定企业价格。需求导向定价法主要有两种：一种是企业根据购买者或消费者对商品及其价格的认识程度和感觉定价，这种定价方法要求企业搞清消费者对商品的价值的判断；另一种是企业根据需求中的差异而进行差别定价，这种定价方法之所以能够实行，是因为在现实生活当中，消费者对同样的产品有不同的需求，其需求弹性是不同的。

◎ 第六步：确定最后价格

确定最后价格是企业制定价格的最后一个步骤。在最后确定价格时，必须考虑遵循以下四项原则：

1. 商品价格的制定与企业预期的定价目标一致，有利于企业总的战略目标的实现。

2. 商品价格的制定符合国家政策法令的有关规定。

3. 商品价格的制定符合消费者整体及长远利益。

4. 商品价格的制定是与企业市场营销组合中的非价格因素协调一致、互相配合，是为达到企业营销目标服务的。

28
定价方法

◎ 新产品定价：高价漂取策略

这种策略又称为撇脂价格策略。这是厂商对其效能高、质量优的新产品所采取的一种定价策略。

人们的消费结构、需求量等，是由其收入水平决定的。收入高的阶层往往对高质量、高效能的新产品感兴趣。有的企业就把这一部分消费者作为它的目标顾客群，利用高收入阶层愿意比别人支付更高价格，购买对其有很大现实价值的产品这一情况，制定一个比较高的价格，以获得高额利润，待满足了高收入阶层的需求之后，再逐步降低销价。

并不是所有商品都可以实行高价策略，它需要具备的基本条件是：

1. 商品独特，性能优越。

2. 具有较高档次和豪华外观，能够满足高收入消费者的心理需求。

3. 产品的可模仿性弱，既可以是因为产品在技术和工艺上属于自行研制，已申请了专利，并严格控制生产技术和工艺的对外转让，也可以因为是所生产的商品需大量投资，建设周期长，或者在资源环境、人员的需求方面有严格的限制。

4. 不存在替代品。

5. 需求价格弹性很小。

◎ 新产品定价：低价渗透策略

低价渗透策略，也就是把商品价格定在相对较低的水平上，以便新产品迅速进入市场，取得在市场上的主动权，以获取长期利润最大化。

适用于这种策略的商品一般要具备的条件是：

1. 商品的需求价格弹性较大，相关的替代品较多，调低价格能促进销售量的增长。

2. 企业的商品生产能力较大，批量生产后，成本能有较大的降低。

利用上述两个特点，通过薄利多销，打开市场销路，阻止竞争者进入市场，最大限度地控制市场。但是采取这一策略，由于商品利润薄，企业投资费用的回收需要较长的时间，这又要求企业有雄厚的资金作后盾；另外也不利于企业树立品牌形象，特别是对于那些质量不易鉴别的商品，消费者往往由于价格低而怀疑商品质量，影响销量。尽管如此，实行低价策略更易为广大的消费者所接受。企业采取这一策略时要注意以下两个方面的问题：

第一是实行低价策略，并不意味着实行低质策略，企业同样要有质量保证和服务保证，真正使消费者感到安全，使商品成为物美价廉的大众商品。

第二是实行低价政策从整体看必须要保证利润总额最大化。

◎ 新产品定价：中间路线策略

中间路线策略又称满意价格策略，是指企业将产品价格定在高价和低价之间，兼顾生产者和消费者利益，使两者都能得到满意的价格策略。实行这一策略的宗旨是在长期稳定的增长中，获取平均利润。因此这一策略为广大企业所重视。

虽然中价策略能避免高价策略带来的风险，又能防止采取低价策略给生产经营者带来的麻烦，集中了二者的优点，但实行起来困难较多，这主要是因为：

一是随着生产技术的不断成熟，生产规模不断扩大，在生产规模达到经济规模之前，单位产品成本随时间的推移不断降低，价格也在不断变化，中价水平不易确定。

二是新产品，特别是全新产品，市场上第一次出现，价格无参照物可比较。

可见，在初始期为新产品制定一个不高不低的适中的价格有一定困难。通常的做法是：如果新产品与老产品差别不大时，可参考老产品的价格制定新产品适中价格，或者是参照替代品价格来制定，或者是通过对不同收入层次的划分，以中等收入水平为标准来制定价格，或者是选择适当价格先进行试销，而后进行调整，以确定价位。

◎ 产品生命周期定价策略

各类商品在其经济生命周期的某个阶段一般具有共同的特征，但由于各类商品的性质、特点及其在国计民生中的重要程度、市场供求状况的不同，定价策略要实事求是，灵活调整。

1. 引入期定价策略。一般可参考新产品的定价策略，对上市的新产品（或者是经过改进的老产品）采取较高或较低的定价。

2. 增长期定价策略。消费者接受产品，销售量增加，一般不贸然降价。但如果产品进入市场时价格较高，市场上又出现了强有力的竞争对手，企业为较快地争取市场占有率的提高，也可以适当降价。

3. 成熟期定价策略。消费者人数、销售量都达到最高水平并开始出现回落趋势，而市场竞争比较激烈时，一般宜采取降价销售策略。但如果竞争者少也可维持原价。

4. 衰退期定价策略。消费者兴趣转移，销售量急剧下降，一般宜采取果断的降价销售策略，有时销售价格甚至要低于成本。但如果同行业的竞争者都已退出市场，或者是经营的商品有保存价值，也可以维持原价，甚至提高价格。

◎ 常用的折扣让价策略

折扣让价策略也叫折扣价格策略，是企业为调动各方面积极性或鼓励顾客采取有利企业的购买行为的常用策略。常用于生产厂家与批发企业之间，批发与批发之间，以及批发与零售或批零企业与消费者之间。常见的有四种：

1. 数量折扣。也称批量折扣。即根据购买者购买数量的大小给予不同的折扣。其中，一次性折扣是企业为鼓励购买者多购货，根据一次购买数量的大小给予不同的折扣；累进折扣是企业为了建立稳定的购销关系而将同一位购买者在一段时间从本企业购买的数量加总，根据累计购货量的不同给予不同的折扣。

2. 季节折扣。也称季节差价。一般在有明显的淡旺季的行业中实行。主要是鼓励购买者淡季购货，以减少供应企业的压力和负担，降低经营成本。

3. 现金折扣。也称付款期折扣。其目的在于鼓励购买者尽早付款加速企业资金周转。零售企业普遍使用这种方法。购买者如以现金付款或提前付款，可以在原商品价格的基础上享受一定的折扣。

4. 业务折扣。也称同业折扣。是生产厂家给予批发企业和零售企业的折扣。折扣的大小因中间商企业在商品流通中的不同功用而各异。

◎ 针对消费者心理定价

心理定价策略是针对不同消费者的不同消费心理，制定相应的商品价格，以满足不同类型消费者的需求的策略。

心理定价策略主要有以下几种：

1. 尾数定价策略

尾数定价策略是指企业有意将商品制定一个与整数有一定差额的价格，使顾客产生心理错觉从而促进购买的一种价格策略。

很多零售企业在售货实践中发现一种有趣的现象，消费者往往比较喜欢带尾数的商品标价。同一种商品标价29.9元或标价30.1元，比标价30元销路要好。在大多数消费者看来，带有尾数的价格比较精确地反映了商品的价格，给人以货真价实的感觉。研究消费心理学的专家进一步发现，消费者不仅喜欢有尾数标签的商品，而且喜欢尾数是奇数的商品。在消费者的心理感觉中，尾数为单数的商品比尾数为双数的商品有更便宜的错觉，所以营销学中专门把这种定价方法称之为奇数定价法。采用奇数定价要获取最大限度的利润，就必须挑选最大的奇数“9”了。所以在许多连锁超市、仓储式商场中，标价尾数为9的商品大量出现。

2. 整数定价策略

与尾数定价正相反，整数定价就是将商品价格有意地定为整数，以显示商品的高档，而此时，如果商品定价带有尾数的话，反而使消费者觉得“掉价”，有失身份。这是针对求名或自尊心理强的顾客所采用的定价策略。

3. 声望定价策略

这是整数定价策略的进一步发展。消费者一般都有求名心理，根据这种心理行为，企业将有声望的商品，制定比市场中同类商品高的价格，即为声望性定价策略。它能有效地消除购买心理障碍，使顾客对商品或零售商形成信任感和安全感，顾客也从中得到荣誉感。

4. 习惯性定价策略

对于某些商品，其价值不高，但是消费者必须经常、重复地购买，因此，这类商品的价格也就“习惯成自然”地为消费者所接受。企业对这类商品的定价，应充分考虑消费者的这种习惯性倾向，不可随意变动价格，应比照市场同类商品价格定价。否则，一旦破坏消费者长期形成的消费习惯，就会使之产生不满情绪，导致购买的转移。若确实需要调整价格，则应预先做好宣传，让顾客充分了解调价原因，先让价格为消费者心理所接受，然后再进行调价。

5. 最小单位定价策略

它是指企业把同种商品按不同的数量包装，以最小包装单位量制定基数价格，销售时，参考最小包装单位的基数价格与所购数量收取款项。通常，包装愈小，实际的单位数量商品的价格越高；包装愈大，实际的单位数量商品的价格越低。

29 广告宣传

◎ 怎样创造独特的广告创意

虽然说，人们的动机彼此都有些差异，但有一些则是多数人所共有的。下面是心理学家、广告作家玛尔汶所提出的人们的“八大欲望”：（1）吃喝；（2）安逸；（3）免于恐惧与危险；（4）高人一等；（5）讨好异性；（6）为亲人谋福利；（7）社会赞同；（8）长命百岁。

上面所列诸项，作为一个参考性框框是有用的。但我们在广告战役中切不可把它们作为确定人们具体动机的指南。

要想有效地提升产品质量并给你的消费者一个购买的理由，你的产品就必须有一个独特的销售创意。一个广告运用的创意一定要传达三件事：

1. 告知顾客购买你的产品他会获得特殊利益。

2. 制作一个竞争者不能提供的建议传达给消费者。

3. 给消费者提供一个非常重要的建议。这会把竞争对手产品的消费者拉到你的产品跟前来。

独特的销售创意是那种撰写广告文案者注入广告中的而又与消费者普遍认识不太一样的东西。

◎ 写出醒目的广告标题

创意在标题中表明产品的主要利益时发挥的效力最大。它也可以被作为广告的主题。

1. 揭示广告主题是撰写标题的主要任务，也就是说，标题要体现主题思想。

2. 撰写广告标题要开门见山，画龙点睛。尽管标题只有几个字，但是要利用点睛之笔给人以丰富的联想，深邃的意境。这类广告的阅读率往往要高于无标题的广告。

3. 语言要生动活泼，富于创意，但是用词要贴切，不要生搬硬套，更不要题不对文，故弄玄虚。

4. 标题不宜过长，最好控制在几个字以内。有人认为过长的标题，读者不易记住。

5. 最具推销力的标题，是承诺能给顾客带来什么利益。因此，在标题中，要尽可能回答好潜在顾客所关心的问题。

6. 要把标题与图画视为一个整体。既要利用图画去配合标题，又要利用标题去配合图画。要力求两者之间都起到陪衬和烘托的作用，以增强整个广告效果。

7. 能为人们提供最新信息的标题是最容易引起人们注意的标题。所谓新信息，是指在广告标题中加上新闻性的消息，诸如新产品的推出、某企业生产的新时装上市了、某某产品在哪里展销，等等，均属带有新信息的性质。据美国广告界人士说，带有信息的广告标题，往往会多出22%的人记住它。

8. 标题的字体要区别于副题和正文的字体。一般来说，要用大号字体为宜。每一标题既可以反复使用，又可只使用一次。

9. 标题的位置要安排在醒目显要的位置上。标题不一定是一句完整的句子，既可以是半句话，也可以是一二个字。不要用文言文，更不要使用虚词，什么“之、乎、者、也”的字最好不用，通俗上口，使人容易记住。

总之，整个标题写作要以引起读者注意、产生兴趣，促使购买者留下良好印象为出发点。

◎ 制定广告整体计划

有些老板认为，广告整体计划是大公司的课题，中小型公司根本用不着计划。他们往往只有在销售不好时，才安排广告，急急忙忙联系媒体，连夜赶制广告，马上刊载出来。至于目标大众的心理接受状况如何，消费者的购买习惯和动机如何，上次的广告与这次是否连贯，下次广告又如何创意，他们都很少考虑。如此这般，单纯为广告而做广告，使许多企业陷入受市场牵制的被动局面。常常是广告也做了，货也铺了，产品销售却不见好，最后没有办法了，只好贱卖自己产品，采取降价大行动。

很难想象一个没有广告整体计划的企业能找到一个贯穿整个广告运作的总的思路，在消费者心中建立一个完整良好的企业形象和品牌形象，把产品知识很好地与竞争对手区别开来。

广告是点点滴滴的长期积累，计划越周密，研究越透彻，依据越充分，逻辑性越强，广告整体效果就越好，在消费者心中的影响就越深远。广告计划一般以年度为限，计划制定后不要轻易修改。只有在广告定位出现失误、目标对象出现偏差，或广告实施一段时期后无法达到预期效果时，才修改、中止计划。

◎ 广告诉求要有特色

由于产品同质化程度越来越高，有特色的广告诉求就更加难找。许多大公司为此伤透了脑筋。前几年流行的诉求常有：全国产销量第一、获金奖、中国名优产品、质量评比第一名、最先通过行业ISO9000认证，等等，搞多了消费者就反感。

广告人应当对产品有充分的认识，对目标受众的心理特征有深刻把握，对竞争对手的广告诉求有详细了解，然后挖掘思维，把天才般的创意发挥得淋漓尽致，塑造出的广告将是一个与产品和时尚一起成长的生命。

◎ 怎样选择广告代理商

首先，在选择广告公司之前应明确两个问题：一是应选择与自己匹配的公司；二是明确是做局部代理还是全面代理。清楚了这两个问题后，下面的这十种办法可以助你做出选择：

1. 聘用一位非常了解广告界的广告经理来帮你选择。

2. 看广告公司发展状况如何。一般来讲，广告公司历经3年营业额不超过800万元，历经5年营业额不超过2000万元，肯定有严重影响公司发展的问题存在，这样的广告公司应当慎重选择。

3. 看广告公司除了提供媒体投放服务外，还能不能提供全方位的服务。

4. 通过电话向广告公司曾服务过的客户打听一番，了解它们相互合作的情况。还要掌握广告公司是否也为客户以外的竞争对手提供服务。

5. 亲自去广告公司考察，看公司广告人员是否有朝气、有激情。特别是了解广告公司有没有曾服务过的一些大客户的档案，有没有关于客户竞争对手的相关资料。

6. 广告公司还有多少创业期的员工。如果没有或者很少，则说明可能由于公司管理问题导致人员流失。

7. 在对方主管面前故意说一些明显错误的话，看他能否有勇气提出异议，从他的介绍、谈话中观察他有没有夸大其词的承诺。

8. 邀请广告公司的最高主管一起娱乐，让他敞开谈话，看他能不能对已有的客户的情况保密。

9. 在合作之前，广告公司应为客户拿出一套完整的策划方案。通过这套方案看该广告公司的实力如何。

10. 感觉双方的关系是否默契、协调。

另外要注意，不要采取企业自己做广告，想起来的时候才再招标的策略。这样会使中标的广告公司由于时间的关系仅使自己的精英投入到几个设计稿中，而对新接的企业的战略不能把握。

◎ 巧妙运用广告技巧

广告战是心理战，攻心为上；广告战是点子战，巧用谋略者胜；广告战是新闻战，善于制造轰动效应者胜。

1. 情深义重、温馨迷人

随着经济的发展和消费者心理的变化，社会已逐渐步入“情感消费时代”，消费模式已从注重物质消费转向追求精神愉悦和满足。企业广告若能恰当运用情感因素，创造出温馨迷人的广告环境，便能以情感人，取得良好的广告效果。美国福特公司的一个广告，在一位白发苍苍的老人正准备过马路但车水马龙谁也不肯停下车让路的时候，推出“人人都有老的时候”的广告语，激发了受众关心老人的情感共鸣，树立了福特公司良好的企业形象。

2. 色彩鲜明，新颖取胜

色彩是“无声的推销员”，不同的色彩具有不同的个性，会引发人不同的主观感受。红色令人兴奋，蓝色开阔宁静，黄色欢快明亮，黑色庄重肃穆，紫色高雅华贵，绿色象征着青春，橙色给人温暖，白色沁出清凉，等等。正确选择广告的色彩定位，设计出具有鲜明色彩个性的产品广告便能以新颖取胜。

3. 逆反思维，出奇制胜

把逆反思维运用到广告技巧中，采取以退为进甚至背道而驰的广告方式，便可打破传统的广告思维定式而出奇制胜。古代有两家对门的酒店，长久以来不分伯仲。一天，一家老板贴出广告：“本店以信誉担保，出售的完全是好酒，绝不掺水！”而另一家则贴出：“敝店素来崇尚诚实，出售的皆是掺水10%的陈年老酒，如不愿掺水者，请事先说明，但醉倒与本店无关！”结果那“不掺水酒店”门可罗雀，而“掺水酒店”却门庭若市。

4. 巧设悬念，攻心为上

打开电视机，翻开报纸、杂志，到处都是铺天盖地的广告，什么样的广告才能吸引观众和读者呢？一些聪明的企业家将心理学的技巧糅进了广告，制造心理悬念，诱导观众和读者一探究竟。

5. 名人效应，巧妙运用

名人历来都是社会舆论的中心，是制造新闻的“优质原料”，一件极普通的物品，一旦被名人所青睐，便可身价百倍，这就是名人晕轮效应，名人在社会上具有很大的引导力和影响力。

6. 免费赠送，欲擒故纵

在企业广告大战日益升级的今天，有的企业已另辟蹊径，越过传媒，采用免费赠送产品的广告形式。把产品免费送给消费者使用，力图取得“先入为主”的效果，使消费者先在感情上接受自己。中法合资上海达能乳酸酪有限公司在成立之初，向市民馈赠10万瓶达能风味的产品。达能公司的这一妙招，赢得了上海市民的好感，很快便在上海打开了市场。

30
人员推销

◎ 为产需双方“穿针引线”

推销人员可以利用自身接触的点多面广的优势，为产需双方“穿针引线”。比如对市场供应紧张的产品，在企业不能保证满足所有顾客需求数量的情况下，推销人员应进行协商分配；而对于供应有余的产品，推销人员应积极寻找销路，实现此地积压彼地脱销的产品的余缺调剂。

在建立与顾客的良好合作关系，尤其是长期关系方面，人员推销具有独特的作用。通过建立顾客档案，定期回访，与顾客进行经常性沟通，为顾客提供必要的服务等方式，可以为企业建立起稳定牢固的顾客基础，有利于企业的长期发展。

◎ 推销，不只是把产品卖出去

在传统的营销观念里，人员推销的目标就是追求销售额的最大化，推销人员的任务就是——卖！卖！卖！所完成的销售额就是评价一个推销人员业绩的唯一标准。而市场营销策略和利润率等问题则是市场营销部门关心的事。

而现代营销观念认为，人员推销的目标不是唯一的。除了推销产品外，推销人员还应该注意发现并帮助解决顾客的问题，收集分析市场情报，估量市场潜力，参与制定市场销售策略和计划等。推销人员不但要为企业赚取利润，而且要使顾客得到满意的产品及服务，不但要懂得推销艺术和技巧，而且要懂得整体营销战略。

不同的企业制定的人员推销目标不尽相同。比如美国AT&T公司的推销人员的任务是产品开发、销售和维修；IBM公司的推销人员要负责用户计算机设备的销售、安装和改进。总的来说，人员推销目标的确立必须综合考虑企业营销目标、促销策略、顾客特征以及市场状况等因素的影响。

◎ 寻找潜在顾客信息

推销人员首先要做的就是寻找可能愿意或正准备购买的潜在消费者，即确定目标顾客。在寻找顾客时，可以使用细分标准，根据年龄、性别、收入、受教育程度等对顾客进行识别区分。比如年轻父母是婴儿服装、食品和玩具市场的顾客，新婚夫妇会寻求房子、家具、电器和银行贷款。另外，还可以根据消费者的爱好、生活方式来选择目标顾客，比如旅游爱好者当然是旅游用品市场的理想顾客。

推销人员获取潜在顾客信息的途径主要有以下几种：

途径一：进行市场调查。市场调查既可以由企业自己进行，也可以委托专门的市场调查咨询公司来进行。根据对调查结果的分析，可以发现潜在的顾客。

途径二：进行资料查询。现有的各种信息资料是推销人员可以利用的最便捷的信息来源。如工商企业名录、各种统计资料和年鉴、电话簿、有关的信息书报杂志，等等。

途径三：寻求顾客介绍。现有顾客的推荐、介绍是招徕新顾客的一种很重要的方式。这种方法的关键在于推销人员首先要获取现有顾客的信任，然后利用现有顾客的社会关系，找到更多的潜在顾客。

◎ 与顾客直接接触

寻找到潜在顾客，确定目标顾客后，推销人员就要安排与顾客直接接触，进行推销。这一过程主要包括两个阶段：

1. 接近准备。在与目标顾客见面之前，推销人员要做好充分的准备工作。首先，广泛搜集与目标顾客有关的信息，进一步了解其各方面的情况，以做到知己知彼。然后，拟订可行的推销计划，包括确定目标产品、准备洽谈内容，以及约见时间、地点、方式，等等。

2. 面谈推销。当推销人员与顾客见面后，就进入了关键性的面谈阶段。推销人员向顾客介绍和展示产品，运用恰当的推销技巧，说服顾客购买。这实际上是推销人员与顾客的信息沟通过程，目的是激发顾客的购买欲望，赢得信任，直至达成交易。这一阶段是整个推销过程的核心。

◎ 做好售后跟踪服务

产品售出后，推销活动并未就此结束，推销人员还应该继续与顾客保持联系，提供各种售后服务，及时解决产品使用中出现的问题。

同时，注意搜集顾客对产品的改进建议。良好的售后服务，可以提高顾客的信任度和满意度，增加产品再销售的可能性。

◎ 合理地确定人员推销规模

人员推销的规模是指企业推销人员数量的多少。人员推销的规模决策是人员推销决策中的一个重要问题。增加推销人员的数量，可以提高产品的销售量，但同时会增加推销成本。可见，推销人员的数量对提高企业的营销效益有直接的影响。因此，企业必须合理地确定人员推销规模。

常用的人员推销规模确定方法有三种：

1 .销售比例法。是指企业根据历史资料计算出推销成本占销售额的比例以及推销人员的平均成本，然后对未来销售额进行预测，从而确定人员推销的规模的方法。这种方法的优点是简单易行。但是由于比例计算使用的是历史数据，而未来的情况是会随着市场环境、先进推销手段的应用而发生变化的，沿用同一比例可能会产生较大偏差。

2. 工作量法。是指企业根据推销人员需要完成的工作量大小来确定推销人员数量的方法。这种方法包括五个步骤：

（1）按照年度销售额将顾客分成不同类别；

（2）确定每类顾客每年需要访问的次数；

（3）每一类顾客数量和其各自所需访问次数相乘，得到每年总的访问次数，这就是整个地区的工作量；

（4）确定每个推销人员每年的平均推销访问次数；

（5）将每年总的访问次数除以每个推销人员的年平均访问次数，即可得到所需推销人员数。

假设某企业共有客户3000个，其中A类客户500个，每年需进行访问36次，B类客户1000个，每年需要进行访问20次，C类客户1500个，每年需访问12次。这意味着，该企业每年需要进行56000次访问。假设每个推销人员一年的平均访问次数为800次，则该企业需要70名推销人员。

3. 边际利润法。是指根据推销人员的边际利润来决定推销人员数量的方法。其判断标准是，只要新增一名推销人员后所增加的利润大于零，就说明推销人员的数量还没有达到最佳规模，应该增加推销人员。边际利润法的应用步骤如下：

（1）找出推销人员的数量变化与销售额变化之间的关系，即新增一名推销人员，会使销售额增加多少；

（2）找出推销人员数量变化与成本变化之间的关系，即新增一名推销人员，会使销售成本增加多少；

（3）计算不同数量推销人员的边际利润，即销售额增加减去成本增加；

（4）确定最佳推销人员数量，即大于零的最小的一个边际利润额所对应的推销人员的数量。

31 促销推广活动

◎ 打折之前要考虑周全

折扣销售就是企业或商家通过降低产品售价，以吸引消费者，促进产品的销售。

因为这种方法等于企业或商家直接让利于消费者，好处看得见、摸得着，所以十分受消费者的欢迎，促销效果非常明显，也是现在企业和商家非常喜欢采用的一种促销方法。

折扣销售一般由生产商直接发出指令，由经销商和零售商负责执行。零售商也有直接进行折扣销售的，但是事前要和生产商与经销商打好招呼，因为这种行为非常容易冲击生产商和经销商的价格体系，造成市场混乱，给生产商和经销商带来麻烦和损失，以致引起生产商和经销商的不满，引发生产商、经销商和零售商的矛盾。

折扣销售分几种：

1. 直接折扣，如直接打折，比如七折、八折。

2. 间接折扣，如附加赠送。

3. 套餐式折扣，如将商品捆扎包装在一起，以打折后的优惠价格出售给消费者。

对于这几类折扣销售的方式，很难说哪一类效果更好，企业和经营者可根据自身情况，择优选择。

◎ 买赠促销的关键

在促销中，赠品的选择有很大的学问，并不是企业随随便便或想当然地从市场上选择一种东西，然后与主企业商品放在一起就可以成为理想赠品，促进企业产品销售的。

赠品选择不当，只会使企业白花了钱和力气而徒劳无功。

在赠品选择上，还有如下一些需要注意的细节问题：

1. 赠品的价值和价格不能高过主商品。

2. 赠品的体积应尽量小于主商品，以免喧宾夺主。

3. 赠品尽量有个性，与其他企业的赠品相区别。与其他企业同样的赠品，有时非但不能起到促销作用，反而因为消费者家中已有类似物品，而不会改变对该企业产品的购买计划。

4. 赠品同样需要重视质量，有些企业以为赠品就是白送的东西，所以弄些劣质产品去糊弄消费者，到头来反而砸了自己的牌子。

有一厂家销售旅行包，附赠一把雨伞。结果有的用户第一次使用获赠的雨伞，伞骨就坏了，当时在街头，大雨倾盆，弄得狼狈不堪，发誓以后再也不会购买这家企业的产品。

当他的朋友准备采购旅行包时，他也告诫其切不可购买这家企业的产品。

糊弄消费者，最后终归会害自己。赠品价值可以适度夸大，以增加对消费者的吸引力，但不可无限夸大，以致让消费者产生受骗上当的感觉。

根据调查，在影响消费者对赠品的感觉并进而影响消费者对商品的选购的过程中，各种因素分别起着不同程度的作用。

消费者对促销赠品各要素的重视度如下：

实用性——98.3%；

质量好——71.8%；

有吸引力——61.5%；

雅致美观——59.8%；

使用方便——45.4%；

独特性——43.7%；

耐用性——28.2%。

◎ 现金返还要权衡好利弊

现金返还，也叫作现金回赠，即消费者在购买商家或企业一定数量的产品后，有条件或无条件地获得商家或企业部分或全部购物金额的退还，其目的当然是刺激消费者更多购物，更多消费。

这种促销方法有些类似于折扣促销，从效果看，短期内由于这种促销方式比较新颖，对消费者的刺激较强，促销效果明显；但是从长期看，由于消费者想享受到企业或商家的现金返还，必须拥有一定条件，即便满足条件，返还大多亦非在消费者消费的当时即发生，手续比较烦琐，吸引力不如直来直去的折扣促销，但效果强于返券促销。

相对来说，现金返还这种促销方式对企业负面影响较小。首先，因为返还通常发生在消费者购买商品之后，不太容易在消费者心目中形成这种品牌老打折、老降价、不稳定、不可靠的印象，对企业品牌的影响较小；其次，这种方式成本较低，羊毛出在羊身上，相对来说，比打折促销和赠品促销成本要低得多；再次，这种方式易于控制。

这种方式的不足是促销效果较差，远不如直接打折对消费者的吸引力来得强，据测算，除某些大件商品和贵重商品外，企业现金返还如不能达到消费者购物金额的20%以上，对消费者几乎没有吸引力，有些低价值的小商品，企业甚至需要对消费者翻倍返还，才可能对消费者造成吸引，对这些企业来说，现金返还这种促销方式就显得不太合适了。

现金返还的方式有：

1. 购买单一商品的现金返还。

2. 多次购买同一商品或买够一定数量同类商品，可获现金还返。

3. 购买同一厂家系列商品或同时购买该厂家几种商品，达到一定数量，可获现金返还。

4. 联合现金返还，即几个厂家联手，消费者必须同时满足这几个厂家的条件，才可以获得现金返还。

5. 运气式现金返还，比如抽奖返还。

6. 组合式现金返还，即把几种现金返还的方式组合在一起。

7. 层级式现金返还，即随着购买数量增加，现金返还额亦随之增加。

◎ 怎样把优惠券送出去

在凭证优惠式营销中，企业或商家碰到的一个大难题就是优惠券或优惠凭证如何派送，通过何种渠道派送。这个问题令很多企业感到很挠头。总结起来，优惠凭证的派发，有这样几条通行的渠道：

1. 直接派送。例如中关村电子市场外的人员派送就属于直接派送，网站注册后直接派送等。

2. 门店派送。这是小企业小商家最经常使用的，包括邮寄、登门派送、零售店委托派送等。它的好处是可以针对目标消费人群直接进行派送，到达率高，减少浪费。

3. 通过媒体派发。通过媒体派发分为两种：一种是直接将优惠凭证印在报纸上，以广告形式送达消费者，消费者剪下来就可以用；一种是报纸夹页，将优惠凭证和说明一起印好，通过报纸发行单位或其他途径夹在报纸里面，与报纸一起送达消费者，其优点是覆盖面广，缺点是效率低，成本较高。

4. 随商品一起派送。这种方式比较适合那些消费者需要反复进行消费的商品，有利于培养消费者对品牌的忠诚度。它又可以分为两种：一种是直接对本产品进行优惠的优惠券；一种是对相关产品，比如同一企业的不同产品进行优惠的优惠券。后一种方式又叫交叉包装优惠，对于企业通过老产品推新品非常有利。

凭证优惠，尤其适合吸引回头客，即已经享受过你的产品或服务，对你的产品或服务比较满意，现在又拥有了价格上的优惠，当然就更愿意到你的店里来消费，更愿意使用你的产品。

关于凭证优惠的幅度，一般认为在10%~30%为宜，过低没有吸引力，过高则商家难以承受。

◎ 免费体验要重视对过程的管理

和赠品促销一样，免费体验最大的困难也是对过程的管理。拿供免费体验的样品来说，如果管理不当，就可能沉没于渠道链条的各个环节。样品不能到达消费者手中，企业所花的一切成本就都是白花。

1. 体验营销最好在产品已铺市50%以上时进行

如果进行得过早，消费者经过体验，觉得这种产品或服务好，却找不到地方去购买这种产品或服务，消费欲望很快就会打消，要知道，消费者的欲望是非常容易转移和消失的；如果进行得过晚，等产品完全铺开之后，消费者已提不起兴趣，那功夫就白费了。

2. 在派送体验样品时，要避免对消费者的过多打扰

上门派送样品时，如果碰到消费者正在休息，就可能惹得消费者很不高兴，对产品自然也不会留下什么好印象。在超市中，一些企业的促销员总是以一种强制的态度迫使消费者体验他们的产品，同样容易引起消费者的反感，应尽量避免。

3. 样品要与正式出售的产品相一致

经常发生这样的情况，企业在制作样品时精工细做，足工足料，等到正式生产产品时，却偷梁换柱，偷工减料。消费者不是傻瓜，企业搞的这些小动作，他们很快就会看出来。你愚弄消费者，消费者也会愚弄你，到时候，吃亏的还是企业，反正在体验营销中消费者可以一分不花。

此外，在派发高价值的体验样品时，应充分考虑到消费者争抢的可能，应备足样品，做好管理，避免造成治安问题或对消费者造成身体或心理上的伤害。

◎ 捆绑销售基本上是权宜之计

捆绑销售是共生营销的一种形式，是指两个或两个以上的品牌或公司在促销过程中进行合作，从而扩大它们的影响力。

捆绑销售基本上是权宜之计。企业要想有出息，终归要靠独立发

展，希望整天靠在别人的肩膀上睡觉是不现实的。这种方式，对于实力不强，而产品能够互补的中小企业特别适合，比如生产薯片的企业和生产饮料的企业捆绑在一块。

乌鲁木齐有家企业生产的辣椒酱特别出色，但因为没有名气，苦于打不开销路，根据新疆人爱吃烤馕和爱吃辣的特点，这家企业找到专门经营烤馕的门店，进行捆绑销售，最后取得了比较不错的效果。

一种产品在打市场时常常会靠价格，双方捆绑在一起，在价格上就会有比较大的缓冲余地了。很简单，一家降五毛就是五毛，两家捆在一块各降五毛，就是一块，哪一个对消费者的吸引力大，不言而喻。

◎ 抽奖促销，慎用为妙

抽奖促销，即商家利用丰厚奖品吸引消费者，引诱消费者购物和消费。这种活动带有博彩性质，因此受到国家严厉限制。有关政策规定，此类活动中，最高奖每次奖品或奖金最高不得超过5000元。

抽奖这种促销方式的好处是，适用面广，促销效果良好。

其不足之处是，费用较大，尤其是推广宣传费用浩大，因为不投入足量的推广宣传费用，知者寥寥，参加者的人少，抽奖活动就搞不起来，即使勉强搞起来，也达不到商家期望的效果。另一难点在于奖品的选择，因为国家有限制，每次最高奖不得超过5000元，要在这个限制范围内，找到足以令消费者动心的奖品，殊为不易。有些商家为增加对消费者的吸引力，选择一些超过限制的奖品，然后希望中奖者在领奖时能够出一部分钱，商家出一部分钱，以此来冲抵国家最高奖每次不得超过5000元的规定，且不说消费者是否真的对这种方式感兴趣，光是商家打擦边球的做法就十分危险，最好避免。

◎ 让会员真正得到好处

会员俱乐部是一种非常好、效率非常高的一种促销方式，尤其对提升顾客对品牌的忠诚度，有着特别的功效。

会员俱乐部要想做成功，一个关键点就是管理者首先应注意与会员间的情感交流，生意倒在其次。不可过急地流露功利意图，否则易引起会员的反感。

在生意操作上，会员俱乐部应能够使会员在俱乐部内部消费比在俱乐部外面消费获得更多的好处，比如价格上的优惠，购物方便。如果有一些东西，只能在俱乐部买到，而在俱乐部外面买不到，就可以大大增加俱乐部会员的成就感与自豪感，增加会员对俱乐部的向心力和凝聚力。因为这个缘故，一些精明的商家会不时为所属俱乐部的成员制作一些“特供品”，这些“特供品”只针对俱乐部成员，而不对外销售，这是一种非常有效的手段。

反过来说，如果会员将这些“特供品”向外销售，他们可以获取更好的价格，等于是从商家获得了额外的价值。有些商家禁止会员这样做，其实完全没有必要，这正是体现会员价值的一个好机会，可以使会员更加忠实于他们的“组织”。

作为一种营销方式，会员俱乐部见效慢，投入大，这是它的缺点；优点则是效果可靠、持久可靠。另外，对于会员俱乐部的组织者来说，除了做生意，还可以享受到同类相聚的快乐。

会员俱乐部的成功秘诀：使会员真正得到好处，隐藏功利的目标。

◎ 促销推广活动的效果评价

对推广活动效果评价方法的选择，应根据推广活动目标的要求或推广活动中所要控制的各种指标具体而定。常用的推广活动效果评价方法有：

1. 销售量变化比较评价法

销售量变化比较评价法是通过比较推广活动前、中、后各时期销售量的变化情况，以评价推广活动效果的一种方法。一般来说，推广活动会带来销售量的增加，但有些情况需要具体分析。

一种情况是推广活动进行时的销售量增加，但一段时间后销售量下降，并逐渐恢复到正常水平，而且不会比推广活动以前水平更高。这说明推广活动促销只是改变了顾客购买的时间，没有扩大产品的总需求量，不具有长期效果。

另一种情况是推广活动进行时销量增加，之后销售量下降，但过一段时间后，销售量再次增加，达到比以前更高的水平。这说明推广活动在扩大产品销售量的同时吸引了新客户，取得了长期的效果。

还有一种情况是企业产品的市场份额在推广活动期间只上升了很少或没有改变，活动期一过，销售量就回落并停留在比原来更低的水平上。这说明该产品基本上处于销售衰退阶段，促销活动只是延缓了衰退速度，但无法改变衰退的趋势。

2. 推广对象调查法

推广对象调查评价法是通过对推广对象进行调查，了解他们对推广活动促销的反应和行动。如推广对象对推广活动的印象，是否购买了本企业的产品，对企业或产品有何意见和建议。

3. 实验评价法

实验评价法是指通过选择一定的推广对象进行实验，测定能够反映企业推广活动目标的有关指标的变化情况，以评价推广活动效果的一种方法。通过实验评价，可以弥补推广活动决策或方案中某些可能给企业带来更大的损失的缺陷。

一般来说，推广活动促销在短期内可以刺激产品销量迅速上升，赢得一定的竞争优势。但从长期来看，推广活动促销不可能建立品牌忠诚度，也不能拯救走向衰退的产品，因此其长期效果一般不是太大。另外，推广活动促销不可频繁使用，否则会影响企业声誉。所以，对已具有竞争优势的品牌应谨慎使用推广活动促销。

32 怎样创立一个好品牌

◎ 找出消费者对品牌的认知

建立品牌的首要工作是找出消费者对品牌的认知，以及他们认为它所代表的是什么。

曼可公司调查了美国市场的消费者对其Duck（鸭牌）品牌的认知为何，以及他们对它的观感如何。

结果比曼可公司的预期乐观，研究显示Duck虽然不是特别有名，但是给人的感觉多为正面。这对品牌建立的活动而言是个好的开始，至少不需要改变人们对品牌形象的观点。Duck被认知为：（1）有想象力；（2）聪明灵活；（3）有益的；（4）友好；（5）幽默。

了解消费者对Duck的认知后，曼可的广告及营销经理便可以决定如何定位Duck这个品牌。一项关键性的操作是以一致的手法利用Duck，使得所有的相关产品都成为友善、有助益的Duck家族成员。这实为一项挑战，因为这家公司的产品横跨家庭用品、办公用品及DIY用品，包括胶带、黏着剂、清洁剂、填充包装材料，等等。

2000年Duck在德国、意大利、法国、比利时、西班牙、波兰、匈牙利、捷克、斯洛伐克、土耳其、澳大利亚、菲律宾初次亮相。曼可公司的最大客户威名商场，带着Duck向全球发展——前往加拿大和墨西哥、南美洲。

◎ 建立消费者群体

许多公司利用成立俱乐部的方式，凝聚与增加具有高品牌忠诚度的使用者社群。最有名的例子是哈雷机车的哈雷车主团体，该团体名称正好呼应了许多人对哈雷机车的昵称。聚会、大型赛车及相同款式的服装都是建立具强烈品牌忠诚度的顾客社群的因素。

卡沙东尼俱乐部，是雀巢用来吸引消费者使用通心粉产品的组织。借助于该俱乐部，有一百年历史的意大利面团公司Casa Buitoni得以于2002年推出“分享意大利美食的热情”广告活动，此后其品牌认知与销售量急剧增加。会员可收到食谱、折价券，享有免付费咨询热线等。

◎ 综合利用广告与促销活动

百事可乐有自己的矿泉水品牌艾芬娜，很快，可口可乐也推出它的达莎妮品牌。这些名称都是仔细挑选，带有模糊的含义，听起来物超所值，并以一种方便携带的方式送到你手里。

可口可乐庞大的配销体系对达莎妮的上市发挥助益。2000年，消费者在矿泉水上花掉42亿美元，这个市场正随着具有健康意识的消费者倾向选择矿泉水或各式各样的人工果汁而持续成长。

可口可乐与百事可乐两大主流冷饮公司想拥有自己的矿泉水品牌，是十分合理的事，在妥善运用配销的影响力下，它们如愿以偿。

◎ 拥有易记的名字或图像

史慕克公司是家制造果酱和果冻的领导制造商。该公司决定用自己少见的名称作为品牌建立活动的中心。“有史慕克这样的名字在上面，它一定是个好东西”是其主题。结果让人惊喜。史慕克现在成为一个广为人知并为人接受的超市果酱与果冻优质品牌。

汉兹番茄酱利用一种不同的记忆要素——外形出色的瓶装，产品的黏稠度，使产品被广泛配销至高级餐厅与餐饮店。汉兹番茄酱使用它的独特瓶装，而不是那种谁都晓得里面可能装些稀薄的番茄酱，又没有印有任何商标的容器。汉兹利用电视广告加深其番茄酱品质浓稠，而不是倒出来稀薄的印象。广告呈现一个人等待（浓稠的）汉兹番茄酱从外形出众的瓶子里慢慢流出的画面。该品牌从配销到促销与广告，从头至尾都建立在这种形象上。

◎ 品牌名称设计的基本原则

品牌的制造商必须选择品牌的名称。品牌名称设计应遵循以下原则。

1. 简单醒目，便于记忆。注册商标虽受法律保护，但一个声誉好的商标若图案繁杂，则往往易给投机者钻空子，因为只要在商标上稍加一些不易察觉的改动，即足以鱼目混珠。

2. 新颖别致，易于识别。品牌设计应力求构思新颖、造型美观，既有鲜明的特点，又具有艺术性，避免庸俗繁杂。所谓新颖别致还必须与其他品牌有明显的差别，反映企业或产品的特色，易于消费者识别，不易模仿。同时又要注意符合法律和习俗规范而为群众所喜闻乐见。

中国的商品品牌名称大致有以下几类：

（1）以人的名字命名，如“李宁”。

（2）以花卉鸟兽为名，如“熊猫”。

（3）以几何图形命名，如“五环”。

（4）以抽象名词为名，如“幸福”、“联想”。

（5）以含有寓意的词语为名，如“万家乐”、“全聚德”。

（6）以产品或服务的功能命名，如“洁尔阴”。

（7）以目标顾客群体命名，如“娃哈哈”。

（8）以外语音译命名，如“桑塔纳”。

（9）以产地或地名命名，如“茅台”。

3. 容易发音，利于通用。品牌名称简短，容易发音，是品牌设计的另一项基本原则。如可口可乐（CocaCola），百事可乐（PepsiCola）均易发音，又易记忆，成为世界最畅销的饮料标记。有的品牌在营销者本国市场易于发音与通用，但在国际市场的品牌推广中却遇到了障碍。如“珠江桥牌”译成英文“Pearl River Bridge”，既长又拗口，不利于品牌在国际市场上推广和普及。

4. 配合风俗，易于接受。产品品牌设计，包括品牌名称、图案、符号和颜色，还必须考虑在国内外市场上能否符合当地的风俗，力避其他隐含的不妥之处。

◎ 怎样打造强势品牌

屹立多年的强势品牌，能存活的时间往往比创造它们的公司还要长远。品牌要循序渐进地建立，首先必须建立提示后知名度，接着未提示知名度开始增长，最后成为首要之选，但过程可能非常缓慢。持续且持久的广告及促销活动是保持前进的必要手段。

品牌知名度的调查报告依循首要之选、未提示知名度及提示后知名度，得出接受调查者对特定产品及市场区分三种不同熟识程度中各占的百分比为多少。在这种调查里，适当选择样本确实很重要，样本对于我们欲了解的整体市场人口具有多少代表性是相当关键的。

◎ 用“性感”帮助品牌销售

在心理学探讨说服的理论中，有一种心理叫作“相似吸引力”，它描述一种现象，即人们会对看起来和自己较相似或很具吸引力的人，给予较高的评价或较强的信任感。这就是模特儿或漂亮的人为什么常被找来拍广告或担任产品代言人的缘故。

跨世界电脑软件公司的女性最高执行长凯崔娜·嘉芮曾将公司所有的广告预算尽数花在杂志广告上。嘉芮是位迷人的女性，广告中她身着简单合身的V字领黑色洋装，令人记忆犹新。这对品牌有帮助吗？当然，短时间内有帮助。当广告让人有印象，可是如果人们却不记得品牌名字，不免让人怀疑广告的目的究竟是什么，难道这样能创造品牌意识以及增进品牌形象吗？

有个多年以前拍摄的广告正好相反。当时英国皮革古龙水以及刮胡水共用一个迷人的金发模特，她仅淡淡地说：“我的男人只穿英国皮革……或者什么都不穿。”诱人吗？绝对是！而且最好的是，让人记住了品牌名。

品位低俗的性感广告很少效果良好。它们让大多数人反感，只有少数人感兴趣。假如这些好色的少数人是目标受众，这个广告对他们来说有效，但对建立品牌而言，却是种冒险的方法。

33 提升顾客满意度

◎ 使顾客觉得他们很重要

如果你已向顾客表明，你认为顾客是交流沟通中最重要的部分，你的沟通会更加有效。要表明这一点，你可采取如下行动：

1. 不与顾客抵触。当顾客的看法与你明显不同时，你应说："你会那样想，真有趣。"顾客可能会有与你不同的观点，如果你承认他们的观点有理，站得住脚，而不是不留情面地告诉他们其观点有误，你更有可能吸引他们聆听你的看法。

2. 包容顾客的观点。如果你能容忍与你的看法相左的观点，顾客就会觉得他们的观点值得一说也值得一听。只要向他们表明你的观点和他们的一样。越是能容纳顾客的观点，就越能表明自己看重他们。

3. 别抢话也别插话。每当想表明自己的观点时，想马上插话的诱惑真是强烈得难以征服。但是，如果你插话了，你就会给人以这样的印象：你觉得他的话不值一听。你可以默默记下欲言的内容（或者，开会时记下关键词语），就能保证不至于忘记自己的观点，以便在适当的时机畅所欲言。

如果待人接物时以诚相待，向人表明你非常看重他们的观点，他们就会觉得很受尊重，因此也更有可能敬重你。

◎ 让顾客喜欢你，再喜欢产品

如果你能使人觉得你和蔼可亲、平易近人，他们也因此将更乐于喜欢你。用通俗实用的话语与人交流是获取对方好感的有效方法。怎样运用这一方法呢？

1. 鼓励顾客谈论自己。这能使自己获得可资参考的信息。“你觉得……如何？”询问对方问题并聆听（还要记住）对方的回答，你能使人觉得他们的生活经历对你是有益处的。下次遇到这些人只要提到一些显著的事例，就能表明你很在乎他们。

2. 显示真诚的兴趣。询问密切相关的问题就能建立良好的关系。“什么事让你想起了那事呢？”在意顾客的偏好并建立共同之处就能表明自己与之休戚相关。

3. 直呼其名。与人交谈时，直呼其名给交流沟通以个性色彩，非常平易亲切。人的名字是人的性格中不可或缺的重要组成部分，交谈时使用名字表明你很关心他们，把他们作为单个的人来看。这不仅使人觉得自己非常重要，而且还使得他们感到你和蔼可亲，平易近人。当然也要考虑对方是否忌讳这一点。

4. 相信顾客很重要。把顾客当回事看待是良好沟通的核心部分。只要你不辞劳苦地向人表明自己很尊重他们，他们说话时全神贯注并表现出非常欣赏的神态，就能使他们觉得自己很重要，你就能“芝麻开门”般地进入他们的心灵了。

每当你觉得顾客很重要时，就必须把这种看法表现出来，以使顾客觉得他们更有价值。这还意味着他们更有可能与你合作。当这种情况发生时，就可以认为沟通的效果是最好的。

◎ 站在顾客的立场上行动

凡是销售员都希望自己能够成功营销，但是怎样才能持续成功营销呢？有些人会说，要和顾客建立比较稳固的关系。但是怎样才能和顾客建立比较稳固的关系呢？那就需要做到最基本的一点：站在顾客的立场上行动。

如果你把营销当作自己是在代表顾客在采购，那么就会随时想到顾客现在需要什么，需要的是哪类商品，这样才能提供让顾客满意的商品或服务。

一位太太为了做晚饭而到鱼店买鱼，如果鱼店老板了解她的需要而建议她说："太太，您买这种鱼现在正是时候，味道鲜美而且价钱也不贵。相信你的先生一定喜欢。"这种适当的意见，必定会被她采纳，生意也就成交了。

许多销售员往往会为了扩大市场，满足部分顾客贪图便宜的心理，而一味地要求商品减价。这虽是人之常情，但这不是正常的现象。因为，必须以双方满意，且互相受益的方式买卖，才能保持交易长期持续。减价是一把双刃剑，虽然可以使公司短时间内提高市场份额，但是长此以往不仅会降低企业的利润水平，而且会让顾客产生便宜没好货的偏见，最终丢失市场。因此，企业必须站在顾客的立场，以替顾客采买物品的态度，为顾客提供贴心的产品和服务，这样才能皆大欢喜。以下五点是顾客希望销售员能做到的：

1. 倾听和学习。
2. 广博的知识。
3. 卖客户之所买。
4. 稳固的人际关系。
5. 坚持到底。

◎ 像对待情人一样对待顾客

热恋中的青年男女，会想尽一切办法让对方高兴，讨好对方。其实，这是很正常的事，因为如果出了差错，闹僵了，分手再找一个的代价是很大的，况且若对方真是自己喜欢的，就更亏了。

对营销人员来说也一样，应像对待情人一样对待顾客。因为只有紧追不舍，让对方对你有一点点好感，才有进一步发展的可能。而且在服务的过程中需要不断地完善服务，提供令对方非常需要的东西，非常激动人心的一次活动，等等。只有紧紧地抓住每一次机会，用心地为其服务，才会让对方感到你与其他人就是不一样，否则你胜算的机会较小。

在这样一个吸引顾客越来越难的现状下，如果你对待顾客永远一成不变，内容与形式几乎没有差异，就根本无法帮助顾客产生增值，产生新的机会点。在这种情况下，让他与你建立具有很高忠诚度的关系是完全不可能的，顶多也就只是维持现状，并且非常容易被你的竞争对手策反。即使他不离开你，你也会发现你的这个顾客对于你的价值不大，甚至会让你亏本的。如果顾客对于企业而言没有特别大的价值，这样的顾客就算忠诚也不值得你非常关注。

所以，我们只有像对待情人一样对待顾客，通过卓越的服务赢得顾客的芳心，才能最终让顾客“投入你的怀抱，进入婚姻的殿堂”。

◎ 遇心服务和知心服务

营销专家根据服务的不同层次，将其划分为遇心服务和知心服务两大类型。

1. 遇心服务技巧

要使顾客满意，提供贴心服务是必需的。贴心服务再上一个层次就是遇心服务，即无论在何时何地，只要顾客需要，就可以为其提供满意的服务。一般说来，遇心服务的服务对象是数量庞大、要求不高的一般性顾客。因此，遇心服务的重要特征就是全面性，对所有的顾客一视同仁地提供基本的服务。

遇心服务所倡导的服务还具有一致化、标准化、品质化的特点。例如，对于银行来说，各城市分行所提供的服务都是一样的，不会由于地区的变化而有服务程度的差异。为此，要做到遇心服务，就需要对员工进行培训，使服务品质一致化。在这方面，麦当劳、肯德基和必胜客等企业做得很出色。

2. 知心服务技巧

遇心服务针对的是一般性顾客，而知心服务则是针对特殊市场的独特性，开发出数量有限、要求很高的VIP服务对象，所提供的服务具有精致化、尊贵化、特殊化的特点，如个人商务酒店、贵宾理财银行和飞机头等舱等都是知心服务的典范。

由于知心服务是量少的、贵宾级的服务，服务要实施区隔化、差异化，并分组来进行满足。以信用卡的金卡用户为例，金卡会员收到的账单的印刷品质都是高于普通会员的，并且提供了进一步的专业咨询服务：用户可以查询详细的支出账单，银行甚至还为客户制定了理财的规划，帮助用户减少不合理的花费，而这些特殊的服务是普通会员享受不到的。

◎ 每天都在用的词——没问题

特姆公司在以服务为导向的公司中有口皆碑。是什么原因使其获得了如此高的评价的呢？该公司把自己的成功归结为一个自己每天都在用的词——“没问题”。“没问题”这几个字在该公司收银台的电脑屏幕上面不停地上下移动，“没问题”是该公司对顾客的任何要求的反应，也是这个问题的主要答案。

如果我们把“没问题”的观念引入企业，我们就会真正地使顾客诚实而正直地对待我们。会一直没问题吗？答案是否定的！但这不是企业拒绝采用以服务为导向的战略的理由。我们必须意识到虽然“没问题”的观念有一点冒险，但是从统计结果来看，风险很小，而回报要大得多。

一项调查结果显示：低水准的服务并不是顾客拒绝和商家打交道的最大原因。商家的漠不关心才是顾客抛弃商家的最主要的原因。70%的受调查者表示，如果受到雇员的冷遇就会放弃和这家公司打交道。因为我们没法和冷淡的人交流。如果他们的态度恶劣，我们可以做出回应，反抗，投诉，甚至采取法律行动。但是如果我们碰到的是一个冷淡的人，那就没办法了。

◎ 应该采取的询问方法

1. 嘴里谈商品，心中想顾客

应针对不同顾客的需求和兴趣向他们介绍商品，而不能千篇一律地重复某些同样的话，更不要抽象地与顾客讲道理。如果遇到那些比较讨厌别人讲道理的顾客，他们就有可能顶撞营业员，使其处于尴尬境地。

这时候，聪明的人应该一边向顾客介绍商品的有关情况，同时在心里揣摩顾客的真正需求，心中时刻想着顾客，真心实意地为顾客服务。只有这样，顾客才会认同其服务，愉快地接受其推荐的商品。

2. 边说边做，动作迅速

在清楚了顾客的真正需求之后，应该一边向顾客介绍商品的有关具体情况，一边迅速地将商品放在顾客面前，让顾客亲自观看，了解商品的质量、做工、包装等情况，使顾客对商品有一个比较全面的了解。

只有在边说边做、服务迅速的情况下，才能够使顾客对自己的服务感到满意，从内心接受营业员的服务，并心甘情愿地购买商品。

3. 询问时出示商品

少数顾客在进商场购物之前，就带有一种抵触心理，认为营业员向他们推荐的商品肯定是贵的或卖不出去的，为此他们当然不会接受向他们推荐的商品。

因此，当他们来到柜台前，或者是靠近他们打算购买的商品时，最好不要先立即向他们推荐某种商品，可采用和顾客聊天，拉近与顾客距离的方法，询问他们的购买意图。只有真正了解顾客的购买意图之后，再向他们推荐适合的商品，他们才会比较易于接受。

◎ 与顾客交谈的禁忌

与顾客交谈时，音调要明朗，咬字要清楚，语言要有力，频率不要太快，应尽量使用普通话。

与顾客交谈，一般不要涉及疾病、死亡等不愉快的事情。

在喜庆的日子，要避免使用不吉祥的词语。

交谈要避开粗俗之词。如：上厕所，可以说“方便一下”；谈到怀孕，说“有喜了”，“要当妈妈了”。

顾客若有某种生理缺陷，言谈中要特别注意，以免伤害其自尊心。

对方不愿谈的问题，不要究根问底，引起对方反感的问题应表示歉意，或立即转移话题。

交谈中要注意避免口头禅，以免使顾客感到反感。交谈要口语化，使顾客感到亲切自然。

谈话对象超过三人时，应不时与所有在场的人都攀谈几句，不要只把注意力集中到一两个人身上，而使其他人受到冷落。

◎ 积极倾听，恰当赞美

积极倾听是一种非常好的回应方式，既能鼓励顾客继续说下去，又能保证你理解顾客所说的内容。

在积极倾听的同时，你还应做出有效的反应，恰当地赞美顾客。美国一位著名社会活动家曾经推出一条原则——“给人一个好名声”。他认为：首先给人们一个好名声，然后让他们去达到它。

正如心理学家所指出的：每个人都有渴求别人赞扬的心理期望，一旦其价值被人肯定，他们总是喜不自胜。由此可知，你要想取悦顾客，最有效的方法就是热情地赞扬他。下面是赞扬顾客的两种有效方法：

1. 具体明确地赞扬顾客

所谓具体明确地赞扬，就是在赞扬顾客时，有意识地说出一些具体而明确的事情，而不是空泛、含混地赞美。具体而明确的赞扬会让人感到真诚，有可信度；而空泛、含混的赞美则会因没有明确而具体的评价缘由，令人觉得不真诚、不可信。因此，有经验的服务人员在赞扬顾客时，总是注意细节的描述，而不空发议论。

2. 观察异点，赞扬顾客

每个人都有一种希望别人注意自己的不同凡响之处的心理。服务人员在赞扬顾客时，如果能适应其这种心理，去观察发现顾客异于别人的不同之处来进行赞扬，一定会取得出乎意料的效果。

◎ 选用服务力强的营销人员

营销专家通过大量的调查发现，那些服务力强的营销人员往往具有以下特征：

1. 性格开朗。具有开朗性格的人更容易和客户打交道。

2. 较强的语言表达能力。在向客户和消费者介绍企业情况、产品情况及具体的销售策略和市场远景规划时，营销人员需要有出色的口头表达能力以及语言组织能力。

3. 有干劲、有责任心。例如消费者常对这两类营销人员产生好感：一类是刚从学校毕业的学生，他们充满激情和活力，工作充满干劲；另一类是年轻妈妈，因为她们初为人母，待人接物特别有责任心。

4. 良好的形象。客户之所以会接受产品，接受销售人员的销售建议，往往是他们接受并认可营销人员本人，而诚实、干练的个人形象能给客户留下良好的印象，对营销人员的工作极有助益。

5. 丰富的社会经验。从某种程度上讲，社会经验重于业务经验。

6. 具有一定的专业知识。营销人员往往需要向客户介绍关于产品的相关知识，需要解答客户的各种疑问，所以营销人员必须具备一定的专业知识。

7. 较强的心理承受能力。优秀的营销人员往往在任何困难、挫折和失败面前都能始终保持情绪的稳定。比如：在同客户谈判陷入僵局时仍能谈笑风生、应对自如；在客户的诱惑面前能保持心态平稳，坦然拒之；甚至在客户藐视他们的存在时仍能保持冷静。所有这些良好的心态都来自于较强的心理承受能力。

8. 对企业忠诚。市场在不断变化，许多企业总是想方设法渗透竞争对手的市场，拉拢和收编竞争对手的营销队伍。如果营销人员对企业没有足够的忠诚度，那么企业的营销队伍可能面临分化和解体的危险，因此对企业忠诚是选拔营销人员的关键。

一个企业的营销事业能否成功，首先要看企业是否有一个具有较强服务能力的营销队伍。要组建一支优秀的营销队伍，关键在于选择优秀的营销人员。因此，每位营销主管须十分重视构成自己工作队伍的人员招聘工作，以便为提升企业的服务力奠定坚实的人才基础。

◎ 有效处理顾客不满的意义

任何一家店铺在为顾客提供服务的过程中，难免会发生顾客因员工的服务质量、商品质量及售后服务处理等问题而抱怨的现象。因此，正确处理顾客的抱怨，已成为经营上的重要一环，若能快速、正确、有效地处理好顾客的抱怨，则会产生以下的效果：

1. 增加顾客对店铺的信赖度。若店铺在处理顾客的抱怨事件时能够表现出诚意，为顾客解决实际问题，那么将增加顾客来店购物的信赖感。

2. 反映出店铺的经营弱点。顾客抱怨事件可以反映出公司营运上的弱点，如果店铺能不断改进，就能提高经营管理的绩效。

3. 能培养店铺的基本顾客。通过对顾客抱怨事件的有效处理，以及在营运上的逐渐改善，能够建立顾客与店铺间的感情，久而久之，将为公司培养基本顾客。

◎ 处理顾客抱怨的原则

原则一：保持心态平和，就事论事。保持主动、关心、友善与乐于助人的态度。

原则二：认真听取顾客的投诉，确认事情发生的真正原因。

原则三：站在顾客的立场，设身处地地为顾客着想。

原则四：做细节的记录，感谢顾客所反映的问题。

原则五：掌握问题重心，提出解决方案。

原则六：执行解决方案。

原则七：总结顾客的投诉，总结处理得失。

◎ 处理顾客抱怨的程序

1. 道歉。当出现顾客抱怨事件时，店员必须主动向顾客道歉。让顾客知道，你因为给顾客带来不便而感到抱歉。即便这并不是你的过错，也不管这是谁的错，你所要做的第一件事就是向顾客道歉。

2. 倾听顾客的诉说。店员应该以微笑缓和自己与顾客的情绪，以关心的态度倾听顾客的诉说，然后用自己的话把顾客的抱怨重复一遍，确信你已经理解了顾客抱怨的问题所在，而且对此已与顾客达成一致。如果可能，请告诉顾客你愿意想尽一切办法来解决他提出的问题。

3. 补偿。为不影响其他顾客，店员应尽量安抚顾客，然后视具体情况尽己所能满足顾客的要求。也就是做一些额外的事情，对已发生的不快进行补偿。

4. 记录。对于较复杂的事件，店员需详细询问顾客问题发生的缘由与过程，详细记录事件的时间、地点、人物、事情经过等细节内容，理解顾客的心情，按照抱怨的程序逐级呈报寻求解决问题的办法，并给予顾客确实的回复时间。

5. 跟踪。店员应深入了解顾客所抱怨问题产生的原因，考虑是否有必要制作及填写事件报告单位或调查表。然后与公司及顾客研究解决方案，交与相关人员或部门确实执行，检测执行后的成效，并列入教育训练范围。

第 七 章

chapter 7

精打细算是做老板的基本功

创业财务运营课

34 财务误区

◎ 财务管理就是会计核算吗?

财务管理所需要的最基本的信息来自于会计核算。因此，很多老板认为财务管理就是会计核算。

实际上，会计与财务是有严格区别的。会计是企业经济活动的事后反映。财务会计需要严格遵守公认的原则，从事会计工作的人具有严格的工作规程，属于“知识工人”。会计部门的主管是“会计长”，具有丰富的会计知识和经验的人才可胜任。

而财务管理从事的是管理工作，是为企业高层管理者提供决策支持，同时负责企业的投资、融资、资金计划、预算、资产使用、资本运营等工作。财务主管则是“财务长”，这个人不但要懂会计，更重要的是要懂管理。

◎ 当老板不用懂财务知识吗？

管理者应该具有最基本的会计知识。但是，许多企业管理者并未对财务知识进行系统的学习，尤其是高新技术企业的管理者大都是科技人员，由于具有较好的科研业绩，而成为管理者。如优秀的研发专家成为公司总经理，医术精湛的大夫成为医院的院长，等等。这样的技术专家对管理知之不多。更重要的是，他们往往不认为自己不懂管理，认为管理没有什么技术含量。面对这样的管理者，财务主管可就辛苦多了。因此，财务主管经常抱怨，自己的工作得不到理解。

◎ 总资产增加了企业就成功吗？

有许多这样的企业，投资增加，企业不断做大，收入又滚入企业继续发展，若干年下来，企业的确做大了，会计报表上的总资产增加了，员工多了，企业也获得了成功。因此，管理者不认为自己的管理有问题，尤其是财务管理方面。他们会反问：有问题我们怎么会如此成功？

仔细想想，企业从小到大，管理者的成功是不容置疑的。但是，以此说明财务管理的成功有效却是不足为据的。从财务管理知识和理论上来讲，财务会计是一种事后反映，它只能告诉我们企业做了什么，而不能说明企业应该做什么。企业将所有的资金长时间不加变现，而在一个领域中不断地简单投入，而且这种投入毫无计划，是十分危险的。

当企业需要从经营过程中提取现金时，生产规模自然缩小，从来不去想经营中究竟需要多少资金，固定部分与流动部分的合理配比是什么，是企业财务管理不到位的体现，也是企业经营盲目性的体现。企业完全依赖自有资金，既不举债，也不进行资本运作，对于财务杠杆的作用全然不顾，也会使用自己的路会越走越窄。

◎ 财务人员越老越值钱吗？

在招聘员工时看经验是没错的，尤其是对于财务管理人员，企业更看重经验。

但是，我们必须注意到，经验之所以有用，是因为我们假设重复的事情还会再发生，如果一件事情不再发生，经验是派不上任何用场的。从对于新的知识和方法的接受速度上看，没有经验有时比有经验更好。比如，当年会计制度进行改革时，公司的记账方法从原来的增减制与收付制改成借贷制时，许多老会计说什么也不明白什么是借，什么是贷。

因此，经验并不总是最重要的。企业也决不可以认为自己有许多的有经验的老财务人员，就万事大吉。

因为这些人往往会成为公司利用新的技术、采用新的运作思路时的最大障碍。对于一些过去已经发生过的、现在重复发生的事务，有经验的人可以用；对于一些新开辟的业务，大胆起用新手，发挥其创造性优势，是制胜的要诀。

另外，在有些问题中，当有经验的员工百思不得其解时，也许新手可以给出解决的方案。

财务管理是一门复杂的学问，尤其是随着现代金融衍生工具的不断出现，财务管理将面临许多新的课题。从意识上、观念上消除误区，从方式方法上进行改进，是我们的最佳选择。

◎ 企业小，财务机构就不需要独立吗？

从企业的发展阶段来看，只有三五个帮工的企业，年产值才几十万元，没有必要分设会计、出纳岗位，财务制度要跟企业的发展结合起来。但是当企业发展到一定阶段，会计跟出纳是绝对要分离的。

企业在内控制度上面有个概念，叫“账、财、物”分离，而做这些分离，事实上并不会增加多少成本，只是要你在理念上、意识上去重视，原来的财务人员明晰自己的职责就可以。

从企业的长远发展来看，财务机构独立的越早越规范越好。如果等企业发展了才来做，漏洞可能已经产生，到时再“亡羊补牢”，要花费很大的成本。

◎ 财务管理会增加成本吗？

有的老板认为要加强财务管理，就意味着会增加管理成本和其他流程成本，这对小企业来说不划算，这样的结论显然是经不起推敲的。

财务管理的本质是，把复杂的管理简单化，简单的管理规范化，规范的管理模式化，模式化的管理数据化。

成本跟管理不是水火不相容的，关键是看企业怎么做。可以通过把复杂的东西简单化，简单化的东西规范化，规范化的东西模式化，模式化以后就轻松了，最后财务管理实现数据化，企业老板管理起来就更轻松了。

比如麦当劳经营产品不多，它就是利用财务管理分析出哪种产品模式比较好，然后通过盈利模式比较，保留一部分产品，剩下的就是利用自有的资源合理配置，管理就形成固定的模型了，模型化以后就体现在数据上。所以麦当劳非常简单，把一个管理模型铺向世界各地。

通过这个例子可以看出，财务管理不是把一个东西复杂化，而是把它规范化、模式化。

◎ 规范化管理会降低灵活性吗？

有些老板认为，小企业的一个优势就是灵活性比较强，要做什么决策，老板一个人直接拍板，不用经过各种繁琐的环节；如果实行严格的规范化、模式化管理，会降低小企业的灵活性。真的是这样吗？

企业在生产经营过程中有个变革的过程，比如企业开始时都是粗放式管理和很简单的人为管理；而当企业继续发展后，粗放式管理肯定不适应。不适应的时候肯定就要引进规范化管理，制定各方面的规章制度，然后进行操作的规范，那样就要投入很大的人力成本和物力成本。

用规范化管理，用流程设计来规范企业的变革的过程是非常困难的，因为它违背了人的经常性的思维、动作。但是当规范化以后，管理就简单化了。企业的员工一开始可能会不适应，但是当大家都习惯了以后，便会养成一种思维的惯性。也就是说，复杂的管理规范以后就变简单化了。

35 财务知识

◎ 财务管理的对象是谁

作为老板，心中一定要明确财务管理的对象。财务管理主要是资金管理，其对象是资金及其流转。

资金流转的起点和终点是现金，其他资产都是现金在流转中的转化形式，因此，财务管理的对象也可说是现金及其流转。

财务管理也会涉及成本、收入和利润问题。

从财务的观点来看，成本和费用是现金的耗费，收入和利润是现金的来源。财务管理主要在这种意义上研究成本和收入，而不同于一般意义上的成本管理和销售管理，也不同于计量收入、成本和利润的会计工作。

◎ 认识现金流转的概念

在建立一个新企业时，必须先解决两个问题：一是制定规划，明确经营的内容和规模；二是筹集若干现金，作为最初的资本。没有现金，企业的规划就无法实现，不能开始运营。企业建立后，现金变为经营用的各种资产，在运营中又陆续变为现金。

在生产经营中，现金变为非现金资产，非现金资产又变为现金，这种周而复始的流转过程称为现金流转。它无始无终，不断循环，又称为现金的循环或资金循环。

现金的循环有多条途径。例如，有的现金用于购买原材料，原材料经过加工成为产成品，产成品出售后又变为现金；有的现金用于购买固定资产，如机器等，它们在使用中逐渐磨损，价值进入产品，陆续通过产品销售变为现金。各种流转途径完成一次循环，即从现金开始又回到现金，所需的时间不同。购买商品的现金可能几天就可流回，购买机器的现金可能要许多年才能全部返回现金状态。

现金变为非现金资产，然后又回到现金，所需时间不超过一年的，称为现金的短期循环。短期循环中的资产是流动资产，包括现金本身和企业正常经营周期内可以完全转变为现金的存货、应收账款、短期投资及某些待摊和预付费用等。

现金变为非现金资产，然后又回到现金，所需时间在一年以上的，称为现金的长期循环。长期循环中的非现金资产是长期资产，包括固定资产、长期投资、无形资产、递延资产等。

◎ 赢利企业的现金流转

不打算扩充的赢利企业，其现金流转一般比较顺畅。它在短期循环中的现金周转大体平衡，税后净利使企业现金多余出来，长期循环中的折旧、摊销等也会积存为现金。

赢利企业也可能由于抽出过多现金而发生临时的流转困难。例如，支付股利、偿还借款、更新设备等。此外，存货变质、财产失窃、坏账损失、出售固定资产损失等，会使企业失去现金，并引起周转的不平衡。不过，赢利企业如果不进行大规模扩充，通常不会发生严重的财务困难。

◎ 亏损企业的现金流转

从长期的观点看，亏损企业的现金流转是不可能维持的。从短期来看，又分为两类：一类是亏损额小于折旧额的企业，在固定资产重置以前可以维持下去；另一类是亏损额大于折旧额的企业，不从外部补充现金将很快破产。

亏损额小于折旧额的企业，虽然收入小于全部成本费用，但大于付现的成本费用，因为折旧和摊销费用不需要支付现金。因此，它们支付日常的开支通常并不困难，甚至还可能把部分补偿折旧费用的现金抽出来移做他用。然而，当计提折旧的固定资产达到必须重置的时候，灾难就来临了。积蓄起来的现金，不足以重置固定资产，因为亏损时企业的收入是不能足额补偿全部资产价值的。此时，财务主管的唯一出路是设法借钱，以购买设备使生产继续下去。这种办法只能解决一时的问题。它增加了以后年度的现金支出，会进一步增加企业的亏损。除非企业扭亏为盈，否则就会变为“亏损额大于折旧额”的企业，并很快破产。这类企业如不能在短期内扭亏为盈，还有一条出路，就是找一家对减低税负有兴趣的赢利企业，被其兼并。因为，合并一个账面有亏损的企业，可以减少赢利企业的税负。

◎ 濒临破产企业的现金流转

亏损额大于折旧额的企业，是濒临破产的企业。这类企业不能以高于付现成本的价格出售产品，更谈不上补偿非现金费用。这类企业的财务主管，必须不断向短期周转中补充现金，其数额等于现金亏空数。如果要重置固定资产，所需现金只能从外部筹措。一般说来，这类企业从外部寻找资金来源是很困难的。贷款人看不到偿还贷款的保障，是不会提供贷款的；业主也不愿冒险投入更多的资金。因此，这类企业如不能在短期内扭亏为盈，不如尽早宣告倒闭。这类企业往往连被其他企业兼并，以减低盘进企业税负的价值也没有。盘进企业的目的是减税，以减少现金流出，如果被盘进的企业每年都需要注入现金，则违反其初衷。

◎ 影响企业现金流转的外部原因

1. 市场的季节性变化

通常来讲，企业的生产部门力求全年均衡生产，以充分利用设备和人工，但销售总会有季节性变化。因此，企业往往在销售淡季现金不足，销售旺季过后则会积存过剩现金。

企业的采购用现金的流出有季节性变化，尤其是使用农产品做原料的企业更是如此。集中采购而均匀耗用，会使存货数量周期性变化。采购旺季有大量现金流出，而现金流入不能同步增加。

企业人工等费用的开支也会有季节性变化。有的企业集中在年终发放奖金，要用大量现金；有的企业利用节假日加班加点，要付成倍的工资；有的企业使用季节性临时工，在此期间人工费大增。

财务主管要对这些变化事先有所准备，并留有适当余地。

2. 经济的波动

任何国家的经济发展速度都会有波动，时快时慢。

在经济收缩时，销售下降，进而生产和采购减少，整个短期循环中的资金减少了，企业有了过剩的现金。如果预知不景气的时间很长，推迟固定资产的重置，折旧积存的现金也会增加。这种财务状况给人以假象。随着销售额的进一步减少，大量的经营亏损很快会接踵而来，现金将被逐步销蚀掉。

当经济“热”起来时，现金需求迅速扩大，积存的过剩现金很快被用尽，不仅扩充存货要大量投入现金，而且受繁荣时期乐观情绪的鼓舞，企业会对固定资产进行扩充性投资，并且往往要超过提取的折旧。此时，银行和其他贷款人大多也很乐观，愿意为赢利企业提供贷款，筹资不会太困难。但是，经济过热必然造成利率上升，过度扩充的企业背负巨大的利息负担，会首先受到经济收缩的打击。

3. 通货膨胀

通货膨胀会使企业遭遇现金短缺的困难。由于原料价格上升，保持存货所需的现金增加；人工和其他费用的现金支付增加；售价提高使应收账款占用的资金也增加。企业唯一的希望是利润也会增加，否则，现金会越来越紧张。

4. 提高利润，不外乎就是增收节支

增加收入，受到市场竞争的限制，企业若不降低成本，就难以应对通货膨胀造成的财务困难。通货膨胀造成的现金流转不平衡，不能靠短期借款解决，因其不是季节性临时现金短缺，而是现金购买力被永久地“蚕食”了。

5. 竞争

竞争会对企业的现金流转产生不利影响。但是，竞争往往是被迫的，企业经营者不得不采取他们本来不想采取的方针。

价格竞争会使企业立即减少现金流入。在竞争中获胜的一方会通过多卖产品挽回其损失，实际是靠牺牲别的企业的利益加快自己的周转。失败的一方，不但蒙受价格下降的损失，还受到销量减少的打击，现金周转可能严重失衡。

广告竞争会立即增加企业的现金流出。最好的结果是广告促进销售，加速现金流回。若竞争对手也做推销努力，企业广告只能制止其销售额的下降。有时广告并不能完全阻止销售额下降，只是下降得少一些。

增加新产品或售后服务项目，用软办法竞争，也会使企业的现金流出增加。

36 成本控制

◎ 制定消耗定额

成本控制的起点，或者说成本控制过程的平台就是成本控制的基础工作。成本控制不从基础工作做起，成本控制的效果和成功的可能性将大大受到影响。

定额是企业在一定生产技术水平和组织条件下，人力、物力、财力等各种资源的消耗达到的数量界限，主要有材料定额和工时定额。成本控制主要是制定消耗定额，只有制定出消耗定额，才能在成本控制中起作用。

工时定额的制定主要依据各地区收入水平、企业工资战略、人力资源状况等因素。在现代企业管理中，人力成本越来越大，工时定额显得特别重要。

在工作实践中，根据企业生产经营特点和成本控制需要，还会出现动力定额、费用定额等。

定额管理是成本控制基础工作的核心，建立定额领料制度，控制材料成本、燃料动力成本，建立人工包干制度，控制工时成本，以及控制制造费用，都要依赖定额制度，没有很好的定额，就无法控制生产成本。同时，定额也是成本预测、决策、核算、分析、分配的主要依据，是成本控制工作的重中之重。

◎ 标准化工作

标准化工作是现代企业管理的基本要求，它是企业正常运行的基本保证，并促使企业的生产经营活动和各项管理工作达到合理化、规范化、高效化，是成本控制成功的基本前提。在成本控制过程中，下面三项标准化工作极为重要：

1. 计量标准化

计量是指用科学方法和手段，对生产经营活动中的量和质的数值进行测定，为生产经营，尤其是成本控制提供准确数据。如果没有统一计量标准，基础数据不准确，那就无法获取准确成本信息，更无从谈控制。

2. 价格标准

成本控制过程中要制定两个标准价格：一是内部价格，即内部结算价格，它是企业内部各核算单位之间，各核算单位与企业之间模拟市场进行“商品”交换的价值尺度；二是外部价格，即在企业购销活动中与外部企业产生供应与销售的结算价格。标准价格是成本控制运行的基本保证。

3. 质量标准

质量是产品的灵魂，没有质量，再低的成本也是徒劳的。成本控制是质量控制下的成本控制，没有质量标准，成本控制就会失去方向，也就谈不上成本控制了。

4. 数据标准化

制定成本数据的采集过程，明晰成本数据报送人和入账人的责任，做到成本数据按时报送，及时入账，数据便于传输，实现信息共享；规范成本核算方式，明确成本的计算方法；对成本的书面文件实现国家公文格式，统一表头，形成统一的成本计算图表格式，做到成本核算结果准确无误。

◎ 做好制度建设

在市场经济中，企业运行的基本保证，一是制度，二是文化。制度建设是根本，文化建设是补充。

没有制度建设，就不能固化成本控制运行，就不能保证成本控制质量。成本控制中最重要的制度是定额管理制度、预算管理制度、费用审报制度等。

在实际中，制度建设有两个问题：

一是制度不完善。制度建设更多从规范角度出发，看起来像命令。正确的做法应该是制度建设要从运行出发，这样才能使责任人找准位置，便于操作。

二是制度执行不力，老是强调管理基础差，人员限制等客观原因，一出现利益调整内容，就收缩起来，导致制度形同虚设。

◎ 进行成本估算

在企业决策过程中，为了使时间、费用和工作范围内的资源得到最佳利用，人们开发出了不少成本估算方法，以尽量得到较准确的估算。

1. 经验估算法

使用此方法的人应有丰富的经验，据此提出一个近似的数字。利用类似项目的成本对现在的项目所需的费用进行的一种近似的猜测，它对要求很快拿出一个大概数字的项目是可以的，但对要求详细估算的项目显然是不能满足要求的。此种方法主要适用于机会研究，可以作为提出项目任务考虑投资的参考。

2. 因素估算法

它以过去为根据，利用数学知识来预测未来。它的基本方法是利用规模和成本图。项目规模知道以后，就可以利用曲线找出成本各个不同组成部分的近似数字。

3. 自上而下估算法

这种方法需要先收集一些管理人员的经验，以及关于以往类似活动的历史数据。管理人员估计对项目整体的成本和构成项目的子项目的成本，并将这些估计结果给予低层的管理人员。低层管理人员在此基础上对组成项目和子项目的任务和子任务的成本进行估计，并继续向下一层传递他们的估计，直到最底层的基层。

4. 自下而上的预算

使用此种方法的人对任务的时间和预算进行仔细考察，以尽可能精确地加以确定。最初，估算是对资源进行，例如人工时和原材料，然后被转换为所需要的经费。其中可以用标准的分析工具来改进估算，如学习曲线等。意见上的差异通过上层和基层管理人员之间的协商解决。如果必要，项目经理可以参与到讨论中来以保证估算的精度。得到的任务的预算被综合起来形成项目整体成本的直接估计。项目经理在此基础之上加上适当的间接成本，如一般管理费用、应急准备等。

◎ 控制材料采购成本

对材料成本控制，应从两方面入手：一是材料消耗量的控制，二是材料价格的控制，而以对材料消耗量的控制为主。

要控制材料消耗量，首先，应以标准消耗量为依据，严格实行限额发料制度。各部门只能在规定的限额内分期、分批领用，需要超过限额领用材料时，必须先查明原因，经过一定的批准手续，采用超额领料单进行补偿。其次，要实行材料总量控制，即对原来的各种定额实行重新测定，降低各种定额的消耗量，从而达到控制总支出的目的。

对材料价格的控制，主要是控制材料的买价，虽然买价的变动主要是由外界因素引起的，但从内部控制方面也可以做到以下几点：

1. 签订供应合同时，在保证规格、质量要求的前提下，尽量争取最低的价格。

2. 财务部门应要求供应部门严格按照规定的价格采购材料，而不应以高价购入生产急需的稀缺材料或其他材料。

3. 对于供应单位任意抬高价格，财会部门应拒绝支付货款的抬高部分。

对价格上涨幅度较大的材料，实行单项控制，即确定主要材料，实行跟踪考核，并确定每月狠抓一种主要材料降耗作为突破口，彻底消灭浪费现象。提高材料自制加工能力，充分利用现有的生产自制能力，进一步提高材料自制加工的能力，做到能自己加工的一律不外出加工，能自己生产的，一律不外购。

◎ 控制工资支出成本

对工资的控制，主要是从有效利用工时、提高劳动生产率和监督工资基金的合理使用等方面进行。

在日常生产中，应根据工时或产量标准分配生产任务，及时正确反映实际产量的标准工时与实际工时，以及工时差异和差异的形成原因。然后按照责任归属，把这些差异反馈到责任者或责任部门，以便结合具体情况，制定出新的措施，迅速防止不利差异的扩大，巩固和发展有利差异。

企业必须按照工资政策、定员人数和月工资标准，并根据经常性资金、各种津贴和非工作时间的工资标准编制工资基金计划。为了控制工资基金计划，还应对部门下达工资基金指标，控制工资基金的支出，并定期考核。这就要求财务部门配合劳工部门，监督各部门严格遵守编制定员，按有关规定来支付奖金和工资，不得滥发奖金、任意扩大津贴享受范围、增加项目和提高标准；严格执行有关工资待遇规定，防止多发的现象；对于加班加点要严格控制，必须事先经过领导批准，才能发放加班加点工资。

◎ 控制制造费用支出

对制造费用的控制，应从有效利用生产能力、提高工作效率和降低消耗水平等方面入手。

制造费用的日常控制，必须按月编制费用指标，控制费用开支。

每月开始前，企业财务部门要会同各有关费用的归口管理部门，根据季度费用预算并结合各月具体情况，对公司确定和下达各项费用的控制指标。各部门要在确定的指标范围内控制费用开支，其中固定费用应按项目控制开支绝对数额；属于变动费用的，还应结合工时、工人人数、设备数量和产量的多少控制费用开支。财务部门和归口单位要根据下达指标对费用开支进行监督和检查，促使费用指标的完成。

实行费用指标归口分级管理，明确责任单位。实行这一控制方法时，应按费用的性质确定归口责任单位，对于变动费用部分应分解成若干小指标，下达给班组以及个人，由他们自己控制使用。财务部门是综合管理一般费用的主管部门，应按期审查各项费用预算，做好综合平衡工作；经常监督和检查制造费用预算的执行情况，及时掌握费用升降趋势，提出节约开支的建议；推动和指导各归口分级管理单位加强管理，以促进费用不断降低。

◎ 减少人事上的花费

减少人事上的花费，是企业节约成本最直接的做法。由于公司的行政、总务、后勤等人员对生产或是业务的直接贡献不大，当公司的经营绩效不佳时，这些公司内部“公务员”往往会被认为是一项很沉重的负担，所以应该成为公司裁员时最“优先”考虑的对象。可以根据员工的工作表现，解雇不称职的员工，以减少冗员，同时也能给其他在职员工以警示。

公司的“公务员”应重质不重量，在精不在多。“公务员”的人数，往往与公司的内部组织单位成正比，部门越多，组织越庞大，“公务员”也会越多。如果对公司的内部单位进行合理的调整，“公务员”的数量自然会减少。比如，将原有的五个销售部门调整为三个的话，就可精简掉两位经理和两个秘书。

有些功能相近的部门也可以合并。比如，公关部、广告部、企划部可以合并为一个企划中心，把它们各自的功能也一并合在一起执行；仓管与采购可以一起合并到财务部，由财务部、生产部及销售部通过工作流程予以制约。

精简机构还包括部门内设机构的精简，同部门的精简一样，只有放权才能简政，而简政是精简机构的一个重要前提。长期以来，由于企业对某些方面管得过细过死，不仅使企业失去活力，同时也造成企业机构的膨胀。部门内设机构正是造成这一问题的根源，要实现部门职能的彻底转变，就必须精简这些内设机构。

要从管理幅度与管理层次两个方面进行内设机构的精简。管理幅度指一个部门能够有效地管理多少个下级机构；管理层次指从最高一级机构到最低一级机构中设有多少个层级。如果企业各部门的内设机构过多，管理幅度过大，将不利于企业领导和监督的实现，同时也会引起企业行政环节多，指挥效率低下。因此，要对内部机构进行精简，就应该在保证企业内部机构正常运转的前提下，尽量减少横向机构和中间层次。

◎ 有效控制物流成本

企业经营的一个重要目标是以最小的投入换取最大的收益。而实现这一目标的最好途径是成本管理。物流成本的控制是对成本限额进行预算，将实际成本与目标成本限额加以比较，纠正存在的差异，提高物流活动的经济效益。

通过对企业物流成本的分析，降低物流成本的基本途径有以下几种：

1. 通过效率化的配送来降低物流成本。企业实现效率化的配送，减少运输次数，提高装载率及合理安排配车计划，选择最佳的运送手段，从而降低配送成本。

2. 利用物流外包降低企业物流成本，降低投资成本。企业把物流外包给专业化的第三方物流公司，可以缩短商品在途时间，减少商品周转过程的费用和损失。有条件的企业可以采用第三方物流公司直供上线，实现零库存，降低成本。

3. 加强企业职工的成本管理意识。把降低成本的工作从物流管理部门扩展到企业的各个部门，并从产品开发、生产、销售全生命周期中，进行物流成本管理，使企业员工具有长期发展的"战略性成本意识"。

4. 对商品流通的全过程实现供应链管理。使由生产企业、第三方物流企业、销售企业、消费者组成的供应链整体化和系统化，实现物流一体化，使整个供应链利益最大化，从而有效降低企业物流成本。

5. 借助现代化的信息管理系统控制和降低物流成本。在传统的手工管理模式下，企业的成本控制受诸多因素的影响，往往不易也不可能实现各个环节的最优控制。

企业采用信息系统，一方面可使各种物流作业或业务处理能准确、迅速地进行，另一方面通过信息系统的数据汇总，进行预测分析，可控制物流成本发生的可能性。

◎ 避免库存支出过大

随着竞争越来越激烈，很多企业必然要采取价格竞争的方式来应战。在这个背景下，很多企业不得不降低成本。而要降低成本，很多企业都是从库存来入手。要做到避免库存支出过大，应做到以下几点：

1. 准确地预测。从理论上讲，预测周期越短，预测精确度越高。但是计划调整得太频繁，均衡生产又难以保证。因此，企业通常用生产线成本的平衡和库存成本的平衡两种手段，实现最佳预测周期。

要想做准预测，来自市场的信息也不可忽视。然而，从销售渠道中逐级反馈得到的信息，容易产生“皮鞭效应”。因此，缩短销售渠道或利用信息系统实现信息共享，不失为有效方法。

2. 协同供应链。协同供应链强调供应链上合作伙伴的协同工作，以快速应对客户的需求，保持合作体各成员的竞争优势，获取更大利润。在生产制造阶段，库存的控制很大程度上依赖采购策略。

3. 实现专业配送。无论是生产资料，还是成品，物流配送都在一定程度上影响其库存量。如果配送时间长、效率低，那么配备一个长周期的库存量是必然的。

如果配送质量不高，中途物品损坏率大，那么作为弥补的安全库存量也比正常状态下大。

◎ 各生产环节要控制好

在市场经济条件下，企业的目标是追求最大的产品利润，而生产成本的高低直接影响产品的利润。所以，一种产品，如果能以最小的投入获得最大的产出，或在投入一定的情况下，使产出最大，就能实现产品利润的最大化，这也是企业所追求的目标。所以，要有效地可控制生产成本，就要把生产的各个环节控制好。

一个产品从最初的原材料投入到最终的成品产出，要经过很多的工作环节，而在这些环节中，有些是增加产品价值的环节，有些是增加生产成本而不会增加产值的环节。在生产过程中，要尽可能消除不能增加产值的环节，尽可能使每一项工作所需时间最少。

总而言之，控制生产成本不是难事，只要老板和员工齐心协力共同做好每一项工作，就一定能降低生产成本，提高生产效益。

◎ 有效降低营销成本

产品生产出来之后，必须进入流通领域，到市场中参与交换，方能最终实现价值。但消费者并不直接认同你的产品，因此你必须博取顾客的喜爱和信任，千方百计创造需求，引导消费倾向，这就是营销过程。当然营销也是需要成本的。

在激烈的市场竞争中，营销成本的多寡，可显示出厂商在市场上销售力的强弱。不过，营销成本的投资虽是必不可少的花费，但在支出时，仍需进行控制，才不致使此项费用无限度地增加。

1. 人员推销费用的控制。一般推销费用的控制，用于对推销过程中费用支出的核准。公司应为每个推销人员编制推销人员预算控制月报表，把薪金、差旅费、活动经费等一一列入其内，借以了解推销费用超支或节省情况，并可分析控制效果。

所有的推销费用都须列支于报表中，宜留出适当的位置，以分析说明实际支出与预算支出产生差异的原因。地区经理或销售经理对推销费用负主要责任，一旦出现偏差，就应及时纠偏。

2. 广告费用的控制。广告一般是分项目运作，每个项目可能有若干个工作步骤，对每个工作所发生的费用都应详尽记录于广告费预算控制表。该表可记录一个月内企业所发生的广告费，一段时间后就应做已发生的广告成本与收益的比较分析，一般为三个月至半年左右，以此作为下次广告预算的依据。

3. 营业费用的控制。由于营业推广费是为了获得预期效果而付出的成本，目的性极强，应主要使用预算控制。销售人员在申请营业推广费时，应制作详细的报告，内容包括所推广的项目或产品、拟采用的推广方式、预计需要的金额、可能的获利情况等。待公司批准后，财务部应在专项账户中逐项记录营业推广费支付情况。

第八章

chapter 8

世界如此险恶，你当精明且有锋芒

在商场中防骗防小人

37

远离骗子：保护好自己的钱财

◎ 剥开骗子的“黑外套”

市场上钢材短缺，造成了皮特公司生产上的困难，老板皮特为此十分着急。

某天，业务科长领来几个人，说对方的公司可以为皮特公司解决货源问题。那几个人向皮特出示了委托书、营业执照、协议书及供货证明等材料。

皮特见到这些齐全的证明，又听他们一番吹嘘，当场表示合同可以马上就签。而那几个人乘机说运费大约50万美元，由皮特承担吧！皮特沉思之后表示同意。于是，合同就这样签订了。接下来，皮特拿来50万美元汇票随他们去某地验了货。几天之后，对方拿着发货凭证、运输费用收据、车皮发货清单给了皮特。经过验证之后，皮特爽快地将汇票交给了对方，而后皮特便返回公司去等候货物运抵，可左等右等却等不到。于是皮特去铁路局查证，却被告知查无此事。这下皮特明白上当了。原来，骗子利用涂改伪造等手段，将一个业已名存实亡的公司“起死回生”，而后精心策划，谈成了大宗钢铁生意。在皮特验货之时，他们领皮特去的只不过是当地一大型钢材市场罢了。之后，骗子便带着50万美元汇票逃之夭夭。

骗子诈骗不仅仅是通过以货易货的方式，还通过在中间环节做手脚来谋取行骗成功。在这些骗局里，如果只注意了货款的安全，却忽视了高额运费的安全，对骗子货到付款的许诺掉以轻心，就有可能使骗子行骗得逞，被骗去大额运费。对付这种骗术，最主要的是验证骗子的真实情况，对对方提供的凭证必须一一加以核实，如此一来便可剥开骗子的“黑外套”，让骗子现出原形。

◎ 小心防范空头支票

一天，某公司的老总孙天接待了一个风度翩翩的生意人。此人自称是某厂的老板，因生产需要，特来订购孙天的货物。来人主动向孙天提供了相关证件，并拿出现金支票对孙天说：“钱货两清，钱有的是，不信你到银行问一问。”孙天按他提供的账号和厂名到银行查询，很快得到了肯定答复，这下孙天放心了。

之后生意人便去联系车子，但直拖到下午四五点钟才叫来一辆车。装完货后对方付给了孙天一张支票。由于金额比货款多，他让孙天开了张欠条，并说明天再来。就这样，对方大摇大摆离开了孙天的公司。

此时，天色已晚，银行已经下班。第二天一大早，孙天急不可待地赶到银行。等到银行上班，孙天递上支票，得到的却是严厉的训斥：“这是空头支票。用空头支票取钱，可是违法的！”这犹如晴天霹雳，打得孙天目瞪口呆。原来，这个账户上的钱已于前一天下午被人全部取走了！

骗子利用支票诈骗，方法之一便是利用支票结算的时间差。他们故意将交易选在日暮时，这个时候开出空头支票无法查证。而在这之前，骗子一伙早已以异地取款的方式将账户取空了。最好的防骗秘诀就是先查证其银行账户，之后将交易时间定在上午，交易完成以后立即去银行兑换，避免给骗子留下时间差，让其有机可乘。

◎ 别被高回报所诱惑

某公司老板赵钱因业务往来结识了一老板，后来联系渐少，只听说最近他发了财。有一天，两人相约一起喝酒吃饭。酒酣耳热之际，这位老板对赵钱说，他与别人合伙办了大型塑料厂，急需资金，该厂潜力巨大，所获利润很高，希望赵钱以入股的形式提供部分资金。他还向赵钱出示了营业执照等相关证件。

两人商量之后，即签订了一份写有“以股份制利息借款50万元，借期一年，年息25万元整，到期付清，以全部塑料制件机作抵押，可以任何形式追回”的借款协议书。赵钱将借款给了他，因为赵钱知道他一向阔绰，而且又有借款协议书，还有抵押品等，再加上他的手续也齐全，因此赵钱对他的还款能力深信不疑。到期之后赵钱去催款，却发现他与该塑料厂没有任何瓜葛，当初那执照只不过是他花钱借来的。赵钱去他家追讨，却发现债主盈门，他却早已不知去向。

骗子为了诈骗成功，往往会许下重诺或制造假象，干扰人的正常思维。像这位阔老板一样，由于他出手阔绰的假象，干扰了老板赵钱的正常思维，盲目认为阔老板必然有偿还借款的能力。却忽视了既然阔绰，何必借款这一简单道理，没有对他进行财产调查，最终致使借款变成骗款，损失惨重。其实要防止骗子“借款”，最根本的一条就是对他进行财产调查，而后办理抵押担保，千万不能被骗子的花言巧语和高回报所诱惑。

◎ 天上掉馅饼的事没有

某日，某公司的老总周浩接待了另一公司的两位负责人。他们向周浩说明了来意，原来他们与另一个与周浩是同行的公司首次交易，为了安全起见，他们向周浩的同行提出要求周浩的公司作为第三方参与结算。为了促成交易，他们特意前来，并提出会付给周浩丰厚的报酬。周浩为自己公司名声在外而沾沾自喜，也为那丰厚的报酬所动，便爽快地答应了。

待双方交易之后，由周浩的公司出具了收款证明并向同行收取了现金，而后那家公司向周浩付了报酬提款而去。没过几天，一纸传票把周浩的公司告上了法庭。原来那家公司利用假货物向周浩的同行诈骗，而后从周浩的公司提款潜逃。由于收款证明是由周浩的公司出具的，因此周浩的同行就将周浩的公司告上了法庭，向周浩索要那笔货款。而周浩的公司又拿不出能证明骗子一伙提款的证据。因此，这两家公司便陷入了纠纷，最后周浩的公司不得不承担部分责任。

天上掉馅饼的事几乎是没有的。如果天上真的掉馅饼了，那可得小心了，这种现象背后可能藏着巨大的秘密，这时候如果你被这种假象所引诱，极有可能落入骗子设置的圈套，最终被骗子所骗，陷入不必要的麻烦之中。其实，对付这种骗局最好的办法，就是对骗子许诺的丰厚报酬提高警惕，拒绝参与到骗子与他方的交易中。

◎ 设圈套，引你上钩

某天上午，一位自称是某公司驻该地区办事处科长的中年人走进了郑克的办公室。来人主动拿出复印的营业执照、法人委托书和名片等，而后向郑克介绍了他的公司的产品，那正是郑克的公司急需的原料，因此郑克对这笔生意极感兴趣。双方经过激烈的谈判，互相做出让步，最终达成协议：郑克方接到对方供货车皮计划通知后，再带货款与对方一同去承运站付款。如此“诚实”的生意，深深地打动了郑克，双方供货合同签订之后十多天，对方发电报称：“车皮已办好，请速带款来人发货。”于是郑克拿汇票去了供方。供方谎称货已装完，带回了铁路发票及提货凭证。郑克相信了对方，将汇票交给了他们。过后几天，郑克方去火车站查证，发现并无此事，那些凭证均系伪造。至此，郑克才明白受骗了，而此时汇票中的资金已被骗子提走。

骗子行骗往往是先设圈套打动你，而后引你上钩，待你咬钩之后，骗子即得逞而逃。在这个骗局中，骗子所用的骗术并不高明，但是却常

能得逞。这主要是因为骗子故布疑阵，然后浑水摸鱼，伪造凭证行骗。对付这种骗术最好的防骗方法，就是严格按照做生意的规矩办事，验货付款，必须保证货物真实的情况下再将汇票交给对方，这样才能不受欺骗，免得后悔。

◎ 不要轻易涉足陌生的行业

一天，刘博的几个生意上的“朋友”找上门来了。他们说某地钢材与本地差价极大，只要一倒手就能赚数百万元，而且他们声称在当地还有关系，能低价买到钢材。只是他们资金短缺，放在眼前的肥肉却没法吃，因此想把这生意介绍给刘博，好落个人情。这么大的利润让刘博动心了，便随他们去了某地，验货之后交了汇票，得到了一张收据。货物发到当地之后，他去当地钢材市场上转了一圈，打听了一下价格，发现两地差价并不是很大，又找买主准备将手中的钢材脱手，却被对方告知这批货属劣质钢材，根本卖不到那个价。刘博一听这话犹如五雷轰顶，赶忙找对方退货，却发现对方已经消失不见了。这样不光损失了一笔运费，而且花大价钱买了一批劣质产品，可谓损失惨重。

轻易涉足陌生的行业、不熟悉的市场，很容易被骗子所骗，落入其精心设计的骗局而无法自拔。因此生意人必须注意，不可轻易涉足自己并不熟悉的行业，就是该行业有巨大的利润也需等调查摸底之后，自己对该行业有了一定的了解了，才可入市。这样，才能有效防止被骗子所骗。

◎ 轻信，将会换来终生的遗憾

赵健正在公司忙于业务，忽然来了位客户，赵健一眼就认出他是自己仰慕已久的某位名人。这使赵健感到万分惊讶，又荣幸之至。对方向赵健说明了来意。原来，他现任某公司副总经理兼该公司形象大使，现在公司急需一批重要物资，由他负责解决，而这些物资正好是赵健的公司所经营的。

赵健听完之后出于对他的尊敬，立即表示一切包在自己身上。赵健满怀敬意地将货物备好，准备收取货款时，对方却说款项没有带齐，先交一部分款，余款过几天后送来。说完给了赵健一张支票，并给赵健开了欠条，甚至连地址电话等个人信息都给赵健写明白了。出于对名人的信任，赵健就同意了他的要求。

几天之后赵健去银行入账，才发现支票户头已被提取一空。赵健再按那个号码打电话查找，结果是查无此人。再询问那位名人的动向，原来那段时间人家正在外地演出。至此，赵健方知被骗了，可那位长得与名人有几分相像的骗子早已跑得无影无踪。

生意场上讲究一手交钱一手交货，做生意千万不能背离这一原则。现在社会上冒充名人招摇撞骗的比比皆是，往往令人难辨真假，一时的轻信将会换来终生的遗憾。对这类骗局，最好的防骗办法就是，无论对方是谁都要按原则办事，如果对方使用的是支票则必须立即验证。这样才可有效防止被骗。

◎ 选择投资项目要睁大眼睛

作为公司负责人，李哲也一直为投资项目的选择烦恼不已。这一天忽然来了一个人，自称是某投资公司顾问，手头正有一个投资项目需要投资方投资，该项目极具吸引力，短期之内即可获得巨大的回报。李哲不免心动了。对方又向李哲出示了相关证明文件，并邀李哲同该项目负责人一起参观了该项目主要设施、厂房等。这么一来，李哲对该项目已完全信服了，于是，立即与公司其他负责人碰头，拍板定案。投资方案就这样确定了。李哲在对方催促下，很快就将投资款转到了对方户头。

之后不久却发现对方销声匿迹，不知去向了，李哲再去查他的户头，原来早被提取一空。

资金闲置，无疑是一种浪费。将资金投资出去，以获得流动与增长，这是生意人最想干的事情。骗子也把眼光盯到了巨额投资款上。对付这种骗术，最主要的方法是对项目进行全面了解，对投资款必须由己方控制，千万不能将使用权轻易交给对方。

◎ 有疑就要解疑，不能糊涂

张刚正为与外地大客户刚谈成的一宗大生意而沾沾自喜。由于对方出手大方，做事痛快，而且双方谈定一手交钱一手交货，所以张刚为碰上这样一位痛快而又大方的大客户而高兴不已，也为即将轻松到手的大笔利润而喜不自禁。

因此张刚很快就为客户备好了货，而且为安全起见，自己还先查验了一次。很快，这位客户就来取货了。张刚陪对方验完货后，对方交给张刚一张汇票，并让张刚赶紧去入账，如果入不了马上回来找他。张刚满腹狐疑要走的时候，他忽然叫住张刚，说要邀张刚一块去吃饭。盛情难却，张刚随他一同去了饭店。而大客户则在临走时对随从人员低语了几句。酒足饭饱后，相互握手而别。张刚随即到银行入账，却被告知汇票是假的。等张刚赶到交货地点，对方已经人去楼空。这一次张刚给骗子坑了数十万元的货。

商家由于赚钱心切，不懂汇票却与对方用汇票结算，眼见骗子“拿着鸡毛当令箭”，虽有怀疑却看不出破绽。其实，做生意，一定要增强防骗意识，有疑就要解疑，把自己不能辨别的汇票拿到银行鉴定，而后交货，就不会上当受骗了。

◎ 在交易过程中坚持货款两清

这一天崔振正在上班，忽然进来一个人。他一进门就高兴地嚷道总算找到你们了，然后要求崔振把公司货物的样品介绍给他。经过简单的介绍之后，对方马上向崔振提出订购数量极大的货物。崔振听到那个数字不禁吓了一跳，连忙向对方解释库存货物不够，需要去总库调货。他听后一脸失望，向崔振询问何时能够调齐。可以先预交部分押金，待调齐货物之后发往他的单位再付所缺款项。他向崔振详细介绍了他的公司并且承诺货到交款。

等崔振将货全发出去之后，左等右等却等不到对方付款。崔振去外地那单位一询问，对方告知并无此事。崔振终于明白上当了。原来骗子在那单位只不过租了一所房子，然后借该单位之名，通过向崔振交押金的办法骗得崔振的信任，最终行骗得手，骗走了崔振所在公司的大量货物。

钱是要赚的，但一下子赚取大量钱财，这其中的风险自然也比较大。骗子往往利用你急于做成生意的心理，通过一些手段令你放松警惕相信他，然后开始行骗。对付这样的骗子，主要方法就在于你不能轻信他，在交易过程中坚持货款两清，这样骗子便不容易得手了。

38 识别小人：别让小人兴风作浪

◎ 小人的言行特色

生意场上的人员构成极为复杂，如果你不小心地应对，很容易就会着了小人的“道”了。

很难说清什么是小人，这个小既不指年龄，也不指长得大小，小人和小人物是两回事。但和小人的关系若没有处理好，一般人都要吃亏。

小人没有特别的样子，脸上也没写上小人二字。有些小人甚至长得既帅又漂亮，有口才也有文才，一副“大将之才”的样子，并且还很聪明。不过，只要留心观察，用心研究，小人还是可以从行为上分辨出来的。

大体言之，小人就是做事做人不守正道，以邪恶的手段来达到目的的人，所以他们的言行有以下特色：

1. 喜欢造谣生事。小人的造谣生事都另有目的，并不是以造谣生事为乐。说谎和造谣是小人的生存本能。

2. 喜欢挑拨离间。为了某种目的，他们可以用离间法挑拨朋友间、同事间的感情，制造不和，他们在一边看热闹，好从中取利。

3. 喜欢拍马奉承。这种人虽不一定是小人，但这种人很容易因为受上司所宠而趾高气扬，在上司面前说别人的坏话，只要一有机会就会抬高自己。

4. 喜欢阳奉阴违。这是他们这种人的行事风格，因此小人对任何人都可能表里不一。

5. 喜欢追随权力。谁得势就依附谁，谁失势就抛弃谁，这是小人的一大特点。

6. 喜欢踩着别人的鲜血前进。也就是利用你为其开路，而你的牺牲他们是不在乎的。

7. 喜欢落井下石。只要有人跌跤，他们会追上来再补一脚。在小人眼里，看别人跌跤是最快乐的事。

8. 喜欢找替死鬼。明明自己有错却死不承认，硬要找个人来背黑锅。

◎ 小人变脸快，时刻要提防

古人谨慎待人避免以言取祸的经验之谈有很多。例如，明朝人庞尚鹏就曾说："逢人只说三分话，未可全抛一片心。"

的确是这样，对固执己见、一味争胜之人，应注意防止失言。对心怀叵测、不苟言谈的人，暂时不要表露真心实意。交浅而言深，倾吐真诚却换来颠倒黑白的诽谤，这是自古以来都应引以为戒的。

不了解情况就发言是不明智，知道情况而隐瞒不说是不忠诚。应当沉默之时却要说话，所说的话就如污垢；应当发言时却沉默不语，这种沉默就如灰尘。不该说的偏要去议论，这是别有用心；应该说的却一声不吭，这是愚钝的表现。

为人处世，说话最忌讳毫不保留，聪明最忌讳全部显露，好事最忌讳样样占尽。上述三件事如不留有余地，旁人便要侧目而视了。结交朋友一定要选择好人，未经充分了解，不可推心置腹。知音说与知音听，不是知音不与谈。

变脸快的小人最好别用，这就不可不知哪个是小人。他们惯会当面一套，背后一套；过河拆桥，不择手段。小人会在你春风得意时，即使不久前还是“狗眼看人低”，马上便会趋炎附势，笑容堆面；而当你遭受挫折，风光尽失后，则会避而远之，满脸不屑的神气，甚至会落井下石。

◎ 不要相信小人的承诺

从前，有一个地方住着一只蝎子和一只青蛙。蝎子想过池塘，但它不会游泳。于是，它爬到青蛙面前央求道：“劳驾，青蛙先生，你能驮着我过池塘吗？”

“我当然能，”青蛙回答，“但在目前情况下，我必须拒绝，因为你可能在我游泳时蜇我。”

“可我为什么要这样做呢？”蝎子反问，“蜇你对我毫无好处，因为你死了我就会沉没。”

虽然青蛙知道蝎子是十分狠毒的，但又觉得它说得也有道理。青蛙心想，也许蝎子这一次会收起毒刺，于是就同意了。蝎子爬到青蛙背上，它俩开始横渡池塘。就在它们游到池塘中央时，蝎子突然弯起尾巴蜇了青蛙一下。伤势严重的青蛙大喊道：“你为什么要蜇我呢？蜇我对你没有好处，因为我死了你就会沉没。”

“我知道，”蝎子一面下沉一面说，“但我是蝎子，我必须蜇你。这是我的天性。”

现代社会，无论哪个地方，都存在一些小人，而君子生活的环境也并不一定全部都是君子。所以，无论什么时候都要提防小人，即使他说得再好，也不要轻易地相信他，因为小人往往都是花言巧语的专家。

◎ 巧妙地应对小人的方法

凡是不讲法、不讲理、不讲情、不讲义、不讲道德的人都带有小人的性格。那么，该如何妥善处理和小人的关系呢？以下几个原则可以供你参考：

1. 不得罪小人。一般来说，小人比君子敏感，也较为自卑，因此你不要在言语上刺激他们，也不要在利益上得罪他们，尤其不要为了个人利益而去揭发他们，那只会害了你自己。

2. 与小人保持距离。别和小人们过度亲近，保持淡淡的关系就可以了，但也不要太过疏远，好像不把他们放在眼里似的，否则他们会这样想："你有什么了不起？"于是，你就很可能要倒霉了。

3. 不要与小人有利益瓜葛。小人常成群结党，霸占利益，形成势力。你千万不要想靠他们来获得利益，因为你一旦得到利益，他们必会要求相当的回报，甚至就如狗皮膏药那般，贴上你不放，想脱身都不可能！

4. 吃些小亏无妨。小人有时也会因无心之过而伤害你。如果你吃的是小亏，也就算了，因为你找他们不但讨不到公道，反而会结下更大的仇。所以，原谅他们吧。

虽然上面的这些方法也许并不能让你和小人们彻底相安无事，但相信它们一定有助于把小人们对你的伤害减少到最低限度。

39 防范合同陷阱

◎ 注意防范七大商业合同陷阱

合同是由人来订立的，有的骗子往往把这个最安全的契约变成最危险的陷阱，他们精心编织着一个又一个的圈套，使大批企业和个人债台高筑，甚至濒于破产。尤其在商品购销合同和产品加工供货合同中利用合同进行诈骗的现象最多。下面是几种常见的商业合同陷阱：

1. 钓鱼合同

行骗人往往利用合同先向对方预付定金或少量预付款，取得对方信任后，骗取全部货物，或者先给付少量货物，蓄意骗取全部货款。随着企业合同法律意识的增强，以往那种利用合同骗取全部货物或贷款的情形已不多见。许多骗子用定金、少量预付款或货物为诱饵，来达到行骗目的。

2. 以假乱真

行骗人往往用假的公章、执照、证明、汇票、账号甚至假身份证等为幌子，虚构背景编造谎言，瞒天过海。一般说来，这些人往往通过装得很阔很有来头，或一掷千金毫不吝惜，或言称与某某领导人有关系。一旦与之签约履约，便逃不脱上当受骗的厄运。

3. 合演双簧

行骗人往往在报纸等媒体上发布如“诚寻加工……”等子虚乌有的广告信息，然后以中介人的身份与闻讯而来的当事人订立信息中介合同，借机收取所谓的信息费、立项费、中介服务费等，然后再让签约当事人持中介合同到另一个事先已串通好的外地合伙行骗人那里订立虚假加工承揽合同，并借机收取质保金、履保金、材料款等费用，接着将样品图纸交给对方当事人制作样品，并约定，样品不合格所交费用不予退还。由于图纸设计本身相互矛盾、存有缺陷，当事人根本不可能做出合格样品来。就这样，骗子通过相互勾结，两地串通，一唱一和，共同上演合同欺诈的双簧戏。

4. 偷梁换柱

分为明偷与暗偷两种形式。暗偷即通常所说的“调包”，行骗人利用合同条款约定不明，标的物规格、型号、标准等模糊不清，通常口头约定，故意在成交时以小充大，以次充好，以廉充优，以旧充新，借以达到行骗目的。明偷主要先通过签订代销、联销等货物销售合同，但售完货后却不付货款，而从其他地方购进一些质次价低的假冒伪劣产品，借以达到顶账或赖账的目的。

5. 改头换面

骗子一旦将货物或货款骗到手，便立即变更地址、隶属关系、企业字号等。充分利用其坐商（有固定铺面来经商的）所占的“天时地利”

优势，与讨债人周旋，展开游击战，任你钱花完、腿跑断，就是避而不见，通过这种办法将债权人拖垮而达到行骗目的。

6. 隔山卖磨

此类骗术的主要特点是虚构标的，即合同标的物根本不存在。行骗人往往把别人的货说成自己的，无中生有诱人上当，也有的以部分商品为诱饵，多家签约，一女多嫁。如在房屋预售合同中以“卖楼花”的方式诈骗钱财。再如，在银行借款合同中，行骗人往往以自己的财产做重复抵押，分别向几家银行多头贷款，套取银行资产。而在商品买卖中，骗子往往买通仓库保管人员、企业值班人员、公证人员等，待客户询问调查时，按事先准备好的词语加以搪塞隐瞒，骗取对方信任后诈骗钱财。

7. 金蝉脱壳

行骗人得手后，便将骗得的钱财作为股份注册成新公司，摇身一变成为新公司的股东，而在原单位留下破烂不堪的门面来应付上门索债的人，有的甚至将原企业注销，远走他乡，另起炉灶。

◎ 注意合同中的“承诺”

经过了漫长而艰苦的谈判之后，双方终于能够握手相庆，但这绝不意味着就此大功告成。因为谈判结束之后，协定的执行才是双方真正较量的开始。为了在这场真正的较量中拔得头筹，这时最重要的工作就是郑重地向对手履行承诺，并在协定中有所表示。这种承诺既是对自己信誉的一种证明，也是对对手的一种约束。

在承诺中一般要注意以下几个问题：

1. 协议的约束力。协议本身就是谈判双方就谈判内容达成的一致意见，是对谈判双方相互权利和义务的一种确定。协议一旦产生，就会对谈判双方产生一种约束力，但协议本身不能保证谈判者获取的实际利益一定会被信守与履行。如果其中一方对协议有不履行的问题时，纠纷就会随之产生，有时甚至可能导致诉诸法律。为了避免这种情况的出现，签约的各方须严格履行协议，尽量避免诉讼。

2. 订立法律适用条款。在一些涉外谈判所达成的协议内容中，一般都涉及不同国家的国内法、国际惯例、公约或国家间的条约。这些法律、惯例、条约，对协定的格式、内容，当事人的权利与义务，国际支付等都有不同的规定。因此，在谈判的协定中应当明确适用何国法律。通常情况下，谈判双方应当根据平等的原则相互磋商，根据合同的实际内容，选择与合同有直接关系的国家法律作为适用的标准依据。

3. 规范协议文件的文字。按照国际惯例，协议使用的文字是谈判当事人国家的法定文字，通常应该是谈判各方所在国的多种文字，并具有相当的效力。实际上，在目前的许多谈判中，都或多或少地存在着这样一些问题，那就是许多涉外合同上虽然注明了文字的使用，但仅是一方的文字，这就不仅涉及签约一方所在国家的尊严，而且难以防止外文释义的出入。所以，在谈判的承诺中，应规定使用同等效力的两种或多种文字版本为宜。

◎ 合同的命题要精简明确

文字功力是合同书写的重要条件。合同的文字功力主要表现在“命题”及“用语”两方面。前者是根据需求目的而提示出的小标题，后者是为了表达结构中小标题下面的内容所采用的撰述。

命题具有极大的灵活性，但又存在一定的约束力。

有的合同条款有多种命题的可能性，比如，“验收条款”可能涉及“静态验收”“动态验收”，也可以说成“开箱验收”和“外观验收”。在处理合同中的其他问题时，如签字、审核、修改、有效日期和有效份数等，命题方式有多种，可以取为“其他条款”“最终条款”和“附加条款”，也有的将上述问题单列，如“合同文字”“有效日期”和“有效份数”。当然，最佳的方法是命题要与前面条款的命题相一致，如果前面命题概括，则后面也可以概括的方式命题，如前面命题细微，后面也可用细微的方式命题。

◎ 避免含混的合同用语

撰写合同的用语是合同成功的重要一环。

合同书写另一个需要注意的问题，就是要求表达内容准确清楚，尽量避免含混不清的词语。

在许多商务合同中，经常出现因用语不准确而导致描述意思模糊，引起对方误会的实例。比如："合同收购价可根据国内、国际市场价格的变化进行调整。"这句话的意思就很不清晰，它没有将国内与国际价格的相互制约关系以及变化的幅度等因素考虑进去。再如："在现场的逗留费用均由乙方承担。"这项规定中所指的"逗留"是差旅，涉及交通、食宿的费用，负担的范围则不够明确。

所以，要避免概念模糊，一般采用两种防范措施：明确因果关系和明确优先顺序。比如上述"合同收购价可根据国内、国际市场价格的变化进行调整"，可以更明确地表述为"合同收购价可以根据国内、国际市场的价格变化予以调整，若国内市场价格虽有变化，而国际市场价格未变时，合同收购价不得调整"。

◎ 明确合同双方当事人的签约资格

合同是具有法律效力的法律文件。因此，要求签订合同的双方都必须具有签约资格。否则，即使签订了合同，也是无效的合同。因此，签约时应调查对方的资信情况。首先，可以通过有关机关和银行等单位进行了解，确定对方的主体资格。其次，应要求对方出示有关法律文件，证明其合法资格，如执照等。一般来说，重要的谈判，签约人应是董事长或总经理。有时，虽是具体业务谈判，签约的不是上述人员，但也要检查签约人的资格。如了解对方提交的法人开具的正式书面授权证明，常见的有授权书、委托书等，还要了解对方的合法身份和权限范围，以保证合同的合法性和有效性。

审查对方当事人的签约资格，一定要严肃认真，切不可草率从事。

在与外商谈判时，由于盲目轻信对方，草率签订合同，以致吃亏受骗的现象屡有发生。有些单位急于引进或输出，仅凭熟人介绍，不进行任何资信调查，就签订数额巨大的合同，结果给企业和国家造成重大损失。所以，进行资信调查，了解对方的企业信誉及其行为能力和责任能力是十分重要的。此外，不要轻信对方的名片，名片不能代替证书，有的人名片头衔很大，实际上是空的。还有，与外国公司打交道，不要只看母公司的信誉和资产情况，实际上母公司对子公司是不负连带责任的。

◎ 堵住契约上的漏洞

即使是最周密的契约也会有漏洞。例如，其中某些部分因叙述不当而显得含混不清。这种漏洞之所以会发生，往往是因为谈判者在洽谈后，将某些程序或作业交给其他人去做了。这种漏洞很可能会导致严重的后果，假若对方抓住了这个机会，想要占你的便宜，那么你就会遭受损失了。不愿履行契约者常会利用遗漏了的或者含混不清的言辞，来迫使对方依照自己的意思解释。通常会有以下处理方式来堵住漏洞：

1. 双方再进一步研究，来补救这个契约上的漏洞。

2. 另写备忘录给对方，保证将来会采取某种行动来补救。

3. 向对方申明情况。假若对方在相当的期限内仍未作答，就单方面采取行动。

举例来说，一家纸厂卖纸的条件是30天内钱要全部付清，而买方却写了一封信给纸厂，申明他们公司付现金的政策一向是10天内就付清，但是要有2%的折扣（也就是说只付货金的98%）。假若在相当的时间内，仍没有收到回信的话，事情就要照此处理了，而大多数的事情也就这样解决了。